못생긴　　서울을　　걷는다

일러두기

· 면적은 미터법으로 환산하지 않고 기존 주민들에게 익숙한 평으로 표시한 것도 있다.

· 사진 저작권 표기가 되어 있지 않은 것은 지은이가 찍은 것이다.

못생긴 서울을 걷는다

지음 허남설

글항아리

낮술에 얼큰하게 취한 그가 말했습니다.

"거기 말이에요. 제가 지금도 생각하면 가슴이 아픕니다. 거기 재개발하고 원주민 재정착한 사람이 10퍼센트도 안 돼요. 아, 조금 다른 방식으로 개발했다면 달랐을까? 그런 생각을 가끔 합니다. 아직도."

그는 서울 모 지역에서 구청장을 지낸 사람이었고, 그날은 그의 재임 기간에 그 지역에서 진행되었던 대규모 재개발 사업에 관한 이야기를 나누던 중이었습니다. 그 재개발로 만든 아파트 단지는 당시 제가 사는 곳이었습니다. 그가 그 지역 구청장 출신 정치인이라는 점을 의식해 뭐든 얘깃거리를 하나 깔아보려고 그 사실을 가볍게 툭 꺼내놨을 뿐인데, 그는 예상과는 달리 아주 무거운 표정을 지었습니다. 후회랄까 반성이랄까, 아무튼 복잡미묘한 감정이 잠깐 그의 얼굴에 스미는 듯했습니다.

그날 이후, 이미 1년 가까이 산 우리 동네가 새삼 궁금해졌습니다. 여기는 원래 어떤 동네였을까, 어떤 사람들이 살았을까, 그리고 그들은 왜 이곳에 10명 중 1명도 채 남지 못했을까. 재개발 후 원주민 재정착률이 보잘것없이 낮다는 말은 종종 들었지만, 그게 하필 제가 사는 곳이라고 생각하니 뭐랄까, 왠지 모르게 다소 찜찜한 기분이 들었습니다.

틈틈이 포털 지도를 열어 우리 동네 예전 로드뷰(거리뷰) 사진을 살펴봤습니다. 2010년, 2012년, 2014년……. 촬영 일시를 과거에서 최근으로 점차 옮겨오자 산자락에 올라탄 단독·다세대 주택단지가 생기가 전혀 없는 폐허로, 가림막을 둘러친 공사장으로, 그러다 20층 아파트 단지로 변하는 장면이 파노라마처럼 펼쳐졌습니다. 그대로 남은 건 뒷산과 집 근처 교회뿐인데, 정말이지 그 교회가 아니면 거리뷰 속에서 길을 잃을 뻔했습니다.

그때부터 동네 근처를 걸을 때마다 그 풍경이 자꾸 겹쳐 보였습니다. 단지 앞 도로 건너편 동네는 재개발하지도 않았는데, 거리뷰에서 보았던 많은 장소가 지금은 보이지 않았습니다. 에어컨, 자개장, 무늬목, 전기, 덕트, 철물, 목공예, 공구, 인테리어, 싱크, 미싱……. 10여 년 전 그 거리에 가득했던 상호는 뭔가 하나의 연결 고리로 꿸 수 있을 것 같았습니다. 하지만 그 거리는 지금 치킨집 서너 군데, 종합병원도 아닌데 내과·정형외과·이비인후과·피부과에 한의원까지 입주한 빌딩, 오피스텔 한두 동과 그 1층을 채운 프랜차이즈 편의점·세탁소·카페로 변했습니다. 이전보다 분명히 더 깔끔했지만, 뭔가 단조로웠습니다.

그리고 무엇보다 사람이 없었습니다. 그 시절 거리뷰에는 사람이 이렇게도 많이 찍혔는데, 요즘 거리뷰에는 사람의 흔적이 도통 보이질 않았습니다. 그 많던 사람은 다 어디로 갔을까요? 마치 원주민 10명 중 9명이 사라지듯 거리의 사람들도 사라져버렸습니다. 이상한 일인데, 혹시 이것도 재개발과 관련이 있을까요?

못생긴 서울을 걷는다

이 책에 담긴 발걸음은 이렇게 집 근처에서 시작되었습니다. 전 세계를 휩쓴 높은 유동성이 여전히 서울의 집값을 그 끝을 모르게 밀어올리는 중이었고, 정부는 재개발·재건축을 촉진해 13만 호를 공급하겠다는 등 부동산 대책을 쏟아낼 때였습

7

니다. 국가 차원의 거시적 흐름이 내려오고 내려와 동네에서는 어떤 미시적 흐름을 만들어내는지 알고 싶었습니다.

마침 서울은 정치적 격변기에 돌입한 상황이었고, 언론에는 하루가 멀다 하고 도시·주택 정책의 향방을 가늠하는 보도가 나왔습니다. 그 바탕에서는 '재개발이냐, 도시재생이냐'라는 프레임이 작동했고, 본격 무대에 등장한 지 기껏해야 수년밖에 안 된 도시재생은 '벽화 그리기'나 '달동네 보존' 정도로 치부되면서 비아냥 혹은 경멸의 대상이 되었습니다.* 이 같은 상황에서 가장 논쟁적인 현장을 주요 행선지로 정하고 발걸음을 내디뎠습니다. 2020~2021년 서울시청을 출입하며

---

* 사실 '재개발'과 '도시재생'은 대치되는 개념이 아니다. 「도시재생 활성화 및 지원에 관한 특별법」 제2조(정의)에 따르면, 재개발·재건축 등 정비 사업도 도시재생 방법의 하나다. 같은 맥락에서 '재생=보존'도 지나치게 좁게 정의한 것이다. 재생은 보존부터 재개발·재건축, 뉴타운 및 신도시 건설까지 아우르는 개념으로, 각 장소가 처한 상황에 맞게 적합한 수단을 골라 쓰는 방법론에 가깝다. '재생=벽화 그리기'라는 인식은 서울시가 박원순 서울시장 재임 중 재생 정책을 추진하면서 자초한 측면이 있다. 가령, 박 시장은 2019년 7월 콜롬비아의 도시 메데진을 방문했을 때 "삼양동과 수유리 등 산동네에 엘리베이터 등이 놓이고 벽화 같은 것도 그려지면, 또 그게 주민들의 주도로 만들어지면 얼마든지 관광 마을로 등장할 수 있다" "도시재생의 새로운 또 하나의 모델을 우리가 배운 것 같다"라고 말했다(문예슬 2019). 2020년 7월 그의 사망 이후 서울시는 정책 기조를 바꾸라는 압박을 전방위적으로 받았다.

취재한 경험이 여정을 설계하는 데 큰 영향을 미쳤습니다. 그 밖에도 약 10년 동안 기자로 일하며 보고 들은 이야기를 기억에서 되살렸습니다. 이 책에 등장하는 장소를 배경으로 기사를 쓴 적도 있는데, 모두 단행본용으로 새롭게 쓰면서 기존 관점을 다듬거나 심지어 뒤집은 대목이 적지 않다는 사실을 미리 밝힙니다. 같은 장소를 반복해서 걸으면 걸을수록 새롭게 눈에 들어오는 사실을 모른 척할 수는 없었습니다.

이 발걸음 중에 일종의 가이드 역할을 해주신 분들이 계셨습니다. 특히 백사마을 건축가 이민아님, 다산동 골목대장 김승님, 청계천 공구상 홍영표님께 감사드립니다. 이외에도 자신을 드러내지 않고 소중한 말씀을 보태주신 분이 많습니다. 그리고 많은 연구자·활동가가 축적해놓은 작업에 큰 빚을 졌습니다. 데이트를 빙자한 답사길에 모른 척 동행해준 아내와 약간의 잔소리로 늘 격려해준 가족에게 사랑한다는 말을 전합니다.

그럼, 이제 발걸음을 옮겨보겠습니다.

차 례

뭔가
수상한
재개발

서울 동북쪽 끄트머리에 불암산이라는 산이 하나 있습니다. 불암佛巖은 '부처 바위'라는 뜻인데, 산 정상부의 육중한 바위 부분이 마치 부처가 가부좌를 튼 모습을 닮았다고 해서 붙은 이름입니다. 해발 509미터인 불암산은 아주 높지도 않지만, 그렇다고 그리 낮지도 않은 그런 산입니다. 불암산을 둘러싼 노원구, 도봉구, 중랑구의 주민들은 동네 뒷산으로 여겨 산책하러 즐겨 찾지만, 꼭대기 근처 바위의 형세는 제법 험준해 암벽등반을 즐기는 사람들이 멀리서 일부러 찾아오기도 합니다.

 불암산의 산세는 남북으로 길게 뻗은 모양입니다. 이 산의 서쪽은 노원구이며, 산을 타고 동쪽으로 넘어가면 경기도 남양주가 나옵니다. 불암산은 서울의 경계선을 지키는 산인 셈입니다. 서울의 가장자리를 긋는 불암산 능선을 따라 남쪽 끝자락으로 내려오면, 서쪽 기슭에 자리 잡은 마을이 하나 있습니다. 마치 바위틈을 비집고 이끼가 자라듯 이 마을은 산자락과 산자락 사이를 파고든 모양새를 지녔습니다. 이 마을의 이름은 '백사마을'입니다.

서울의 마지막 달동네

백사마을, 이름에서 다소 황량한 느낌이 듭니다. 부처가 앉은 모습을 닮았다는 불암산처럼 어떤 이름에는 반드시 연유가 있기 마련입니다. 백사마을은 마을 입구 주소인 '서울특별시 노원구 중계본동 104번지'에서 번지수를 딴 이름이라는 말도 있고, '허허벌판에 세운 마을'이라는 뜻에서 '백사白沙(흰 모래밭)'를 붙였다는 말도 있습니다(최성희 2014). 어느 쪽이든 처음 이름을 들었을 때 얼핏 스쳤던 그 느낌이 완전히 어긋나지는 않는 듯합니다. 마을 이름에 가져다 붙일 만한 특색을 오죽 찾기 힘들었으면 고작 번지수나 황야를 뜻하는 말이 들어갔을까요. 어떻게 보면 처량한 느낌마저 드는 이름입니다.

백사마을은 언제인가부터 '서울의 마지막 달동네'(최병태 2010)라고 불리기 시작했습니다. 겨울철을 앞두고 TV 뉴스에 색색의 조끼를 입은 자원봉사자들이 연탄을 가득 실은 손

14

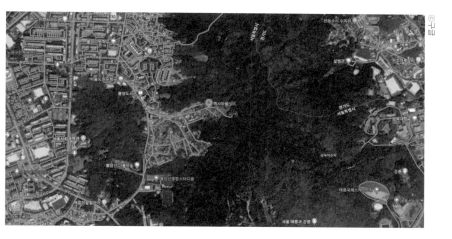

백사마을 항공사진

백사마을 전경

백사마을 전경

수레를 끄는 장면이 나오면 그 배경은 어김없이 백사마을입니다. 연탄을 재두었다가 겨울에 나눠주는 '연탄은행'도 여럿 보입니다. 미디어에 비친 백사마을은 줄곧 서울에서 가장 가난한 동네, 따뜻한 도움의 손길이 필요한 동네였습니다.

영화나 드라마에서도 종종 백사마을을 만나볼 수 있는데, 주로 허름하고 음침한 배경 장소로 쓰입니다. 2022년 11~12월 방영한 JTBC 드라마 「재벌집 막내아들」에는 순양그룹의 도련님으로 환생하기 전 찢어지게 가난한 주인공(배우 송중기)의 부모가 국밥을 팔았던 '삼거리식당'이 나옵니다. 실제로 백사마을 초입에 있는 똑같은 이름의 식당을 배경으로 촬영했습니다. 목이 좋은 자리이지만, 이제는 식객의 발걸음이 드문드문합니다. 요즘은 멀리서 일부러 드라마 촬영지를 찾아오는 사람도 있다고 하는데, 원래 삼거리식당은 달동네 사람들이 허기를 달래는 공간이었습니다.

그러고 보니 이 근방에서부터 시작되는 백사마을의 풍경이 어째 을씨년스럽습니다. 350채 정도 되는 집은 거의 전부 붉은 시멘트 기와 지붕과 회색 시멘트 블록 벽이 감쌌습니다. 1970년대 정부 차원에서 판자촌 개량 사업을 벌일 때 표준화하다시피 썼다는 그 재료가 백사마을에도 흘러들어온 듯합니다. 기와나 벽의 표면이 손끝으로 한번 쓱 훑으면 매캐하게 가루가 날릴 듯 오돌토돌 거칩니다. 금방이라도 쓰러질 듯 금이 가거나 조각이 부서져 떨어져 나간 자리에서는 세월의 흔적이 짙게 묻어나기도 합니다. 집마다 붉은색 혹은 파란색, 때로는 초록색인 철제 대문이 달렸는데 언제 마지막으로 페인트칠했는지 그 빛깔도 다 바랬습니다. 군데군데 두텁게 녹슬어 사람이 드나들 때마다 껵껵대는 소리를 낼 것만 같습니다.

마을은 전체적으로 잿빛인데, 누구인가는 그 빛깔이 너무 싫었는지 마을 어귀마다 알록달록한 벽화를 그려놓았습니다. 어떤 그림에는 '1967 철거민 집단 이주. 정든 집을 뒤로 하고, 불암산 자락 계곡과 능선 위 천막 안에서 비를 피하며 200장의 시멘트 블록으로 손수 집을 지었답니다' '1968년 하루에 두 번 다니는 버스를 놓치지 않으려는 사람들로 가득했다' 따위의 글귀가 적혀 있습니다. 백사마을 주민들의 삶을 기록한 풍속도 같습니다. 이렇게 무거운 그림 말고, 발랄하고 경쾌한 그림도 많습니다. 오색 풍선에 동여맨 실을 잡고 뛰어다니는 아이들도 보이고, 담벼락 너머에서 울음소리를 내는 고양이나 개도 보입니다. 다소 생뚱맞지만 '개구쟁이 스머프'도 볼 수 있습니다. 이 볼품없는 동네를 찾아온 외지인들에게 "여기에서 휴대폰을 꺼내 사진을 남기세요"라고 말하는 듯합니다. 그런 그림을 한참 구경하다 문득 고개를 들어 백사마을을 조망하면, 잠깐 사이 왠지 잿빛이 더 진해

백사마을 곳곳에 그려진 벽화

진 것 같은 착각이 듭니다.

백사마을의 골목을 따라 걷다보면 금세 방향 감각을 상실하고 길을 잃게 됩니다. 어디를 가도 똑같이 칙칙한 질감의 집들에, 오르락내리락하는 경사까지 겹치다보니 마치 미로에 갇힌 듯한 느낌마저 받습니다. 그 정도로 이 마을의 골목은 닥치는 대로 냈는지 질서라고는 찾아볼 수 없이 어지러이 얽혀 있습니다.

그런데 의외로 그 골목길 곳곳에서 소소한 즐거움을 주는 풍경이 빼꼼 고개를 내밀 때가 있습니다. 골목과 집, 집과 집 사이 조그만 터에서는 어김없이 상추와 고추, 대파, 푸성귀 같은 작물이 푸릇푸릇 자라 이 마을에 어울리지 않는 싱그러움을 풍깁니다. 대문 앞 야트막한 턱, 계단에 사람 지날 만한 공간을 빼고 남는 구석, 시멘트 블록 담장 위 평평한 자리는 '작은 정원'이 되었습니다. 자투리 공간을 빼곡히 채운 화분에서는 화초가 무성하게 자랐습니다.

그래서 이 마을은 멀리서 보면 우중충한데, 다가가서 가만 들여다보면 환한 느낌도 있습니다. '자세히 보아야/ 예쁘다// 오래 보아야/ 사랑스럽다// 너도 그렇다'라는 나태주 시인의 시구가 떠오릅니다. 드론을 띄워 마을을 하늘에서 내려다보면 무채색 도화지에 초록빛 물감이 점점이 찍히며 번져가는 모습일 것 같습니다.

달동네와 10명의 건축가

이 백사마을이 곧 사라집니다. 마을의 땅을 가진 사람들은 1990년대 초부터 마을을 재개발하길 바랐고, 마침내 2021년 2월 노원구청이 사업시행계획을 인가했습니다.* 조만간 사라질 운명에 처한 마을에서 주민들은 하나둘씩 떠났고, 새로 들어오는 사람들의 발길도 뚝 끊기면서 마을은 이제 인기척을 거의 느끼기 어려울 정도로 텅텅 비었습니다. 백사마을은 지나치리만치 고요해, 마치 조용히 마지막 순간을 기다리며 체념한 사람 같습니다. 서울의 마지막 달동네도 20층까지 쭉쭉 뻗은 아파트 단지가 될 날이 머지않았습니다.

　낡은 집을 헐고 새집을 짓는 재개발 자체는 전혀 특별할 게 없습니다. 그런데 재개발 후 백사마을 전경을 담은 조감도를 보면 뭔가 어색하고 낯설게 느껴지는 구석이 있습니다. 고층 아파트가 있어야 할 자리 같은데, 아주 작은 집들이 옹기종기 모여 마을을 이룹니다. 알고 보니, 백사마을의 땅을 7:3으로 갈라 각각 다른 방식으로 재개발한다고 합니다. 그 어디에서도 듣도 보도 못한 방식입니다.

―――――――

　*　재개발은 기본계획 수립→정비구역 지정→정비사업 시행자 지정 혹은 재개발조합 설립→사업시행계획 수립→관리처분계획 수립→이주 철거 및 착공→준공 및 입주 순으로 진행된다.

백사마을 재개발 사업 조감도(2021년 3월)

7을 차지하는 큰 땅에는 1953세대 아파트 단지가 들어섭니다. 요즘 사람들이 선호하는 유명 건설사의 브랜드를 단 아파트가 탄생할 겁니다. 여기까지는 우리가 흔히 떠올릴 수 있는 전형적인 재개발이어서 익숙합니다.

그럼 나머지 3을 차지하는 작은 땅에서 하는 재개발에 뭔가 다른 게 있는 걸까요? 그렇습니다. 여기에는 고층 아파트를 짓지 않고, 3~4층짜리 저층 주택 484세대를 짓습니다. 3~4층이면 우리가 보통 '빌라'라고 부르는 다세대·다가구 주택의 층수입니다. 먼 훗날 재개발이 끝난 뒤 백사마을을 찾으면 입구에서 왼쪽은 고층 아파트, 오른쪽은 저층 주택으로 나뉜 풍경을 보게 되는 겁니다. 이 재개발, 왜 이렇게 하는 걸까요? 뭔가 유별난 게 고개를 갸우뚱하게 만듭니다.

작은 땅에서 시행하는 재개발 사업에는 이름도 따로 있습니다. '백사마을 주거지보전사업'입니다. '주거지'를 '보전'한다니, 아까 재개발을 한다고 하지 않았던가요? 재개발의 목적은 원래 있던 주거지를 없애고 새로 다지는 것 아니었나요? 선뜻 이해가 가지 않는 이름입니다.

이해하기 어려운 구석은 또 있습니다. 건축가 10명이 백사마을 주거지보전사업을 이끈다는 점입니다.[*] 업계에서는 이름

---

[*] 백사마을 주거지보전사업에 참여한 건축가는 김광수, 민현식,

을 대면 누구나 알 만한, 작품활동이 왕성한 건축가들입니다. 사실 이 건축가들은 백사마을 주거지보전사업을 10년 가까이 붙들었습니다. 국가적 과업으로 랜드마크 건축물을 세우거나 신도시를 건설하는 일도 아니고, 달동네 재개발 사업 하나가 이렇게까지 오래 걸릴 일일까요? 이 사업은 대체 무엇이기에, 건축가를 10명이나 붙잡고 놓아주지 않는 걸까요?

심지어 이 건축가들이 맡은 일이라는 게 이곳에 임대주택을 설계하는 작업이라고 합니다. 미디어에 나오는 건축가를 보면, 대리석 같은 고급스러운 자재를 팍팍 쓴 저택을 설계할 사람들 같은데, 웬 임대주택일까요? 아파트 단지 한구석에 있는 듯 없는 듯, 요즘 아파트에서 보기 힘든 긴 복도에 현관문이 줄줄이 붙어 있고, 방 한 칸 너비 정도 되는 집이 닭장처럼 촘촘하게 들어찬 아파트. 머릿속에 담긴 임대주택의 이미지는 대부분 이 정도일 겁니다. 또, 어디를 가든 발에 차이는 게 아파트인 나라에서 그냥 'Ctrl+C, Ctrl+V'만 해도 이러한 임대주택 단지 하나는 뚝딱 지을 수 있을 것 같은데, 굳이 건축가를 10명이나 불러 이 일을 맡겨야 할까요? 이러한 의문이 드는 게 아주 당연합니다. 소위 '가성비'가 안

손진, 신승수, 우의정, 이민아, 임재용, 정현아, 안종환, 이기태다. 이 중 안종환과 이기태는 각각 해외 건축가 플로리안 베이겔과 프란시스코 사닌의 국내 파트너로서 참여했다.

맞아 보이는 겁니다.

좀 더 자세히 들여다보면 이해하기 어려운 점은 더 많습니다. 이 건축가들이 공유했다는 「중계본동 백사마을 주거지보전구역 디자인가이드라인」(이민아 2014)* 이라는 책자를 좀 볼까요? 이 책의 첫 장에서는 이 사업에 참여한 건축가들에게 어떤 '규율'을 제시합니다.

> 건축물은 독립된 개별 요소로 부각되지 않는다. (…) 공사비 상승을 유도하는 외관 계획에 치중하지 않고, 건축가의 디자인 스타일을 과도하게 드러내지 않는다. (…) 길의 레벨은 변경하지 않는다. (…) 차량/비상차량 통행 구간을 제외한 모든 길의 현재 폭을 변경하지 않는다.
> _ 이민아, 「중계본동 백사마을 주거지보전구역 디자인가이드라인 수립용역」, 서울특별시, 2014, 12~15쪽

이렇게 첫 장부터 이거 하지 마라, 저거 하지 마라는 잔소리를 잔뜩 늘어놓습니다. 한마디로 "혼자 튀어 보이지 말고, 개

---

* 보고서는 세로형과 가로형 두 종류로 제작되었는데, 이 중 가로형을 인용했다.

성을 자제하라"라는 이야기입니다. 이건 그냥 디자인하지 말라는 지시처럼 들립니다. 실컷 디자인을 업으로 삼는 건축가를 10명이나 불러놓고는 말입니다. 그런데 놀랍게도 10년 동안 이 사업에서 이탈한 건축가가 없었다고 합니다. 이해하는 차원을 넘어 신기할 지경입니다. 10명의 건축가는 무엇에 이토록 강하게 이끌렸던 걸까요.

이렇듯 이 사업은 '재개발'인데 무언가를 '보전'하고, '디자인'을 하면서도 '개성'은 감추라고 요구합니다. 모순으로 가득 차 보이는 백사마을 주거지보전사업은 대체 무엇일까요? 기존 터전을 갈아엎는 게 목적인 재개발에서 무엇을 보전하고, 왜 보전해야 하는 걸까요? 건축가들에게 그 답을 한번 들어보겠습니다.

그때
그 마을의
기억

주거지보전사업이 무엇인지부터 알아봐야겠습니다. 찾아보니 그 뜻은 서울특별시 조례에 담겨 있습니다. 엄연한 법적 용어입니다. 서울시는 2018년 1월 백사마을 주거지보전사업을 추진하려고 일부러 이 조항을 만들었습니다. 물론 앞으로 다른 곳에도 이 조례를 적용할 수 있겠지만, 지금까지는 백사마을이 유일합니다. 서울시가 백사마을에서만큼은 뭔가 새로운 실험을 해보고자 했던 냄새가 풍깁니다. 주거지보전사업의 법적 정의는 다음과 같습니다.

"주거지보전사업"이란 재개발구역에서 기존 마을의 지형, 터, 골목길 및 생활상 등 해당 주거지

의 특성 보전 및 마을 공동체 활성화를 위하여
건축물의 개량 및 건설 등의 사항을 포함하여 임
대주택을 건설하는 사업을 말한다.

_「서울특별시 도시 및 주거환경 정비 조례」 제2조 12항

여기는 민속촌이 아닌데

재개발하는 마을에 원래 있던 지형, 터, 골목길 같은 것들을
그대로 남긴다는 뜻이로군요. 이러한 보전 방식은 재개발과
는 정면충돌하는 발상 같습니다. 자료를 좀 더 찾아보니 국제
연합 교육과학문화기구(UNESCO·유네스코), 그리고 그 자문
기관인 비정부기구 국제기념물유적협의회(ICOMOS·이코모스)
가 1987년 10월 미국 워싱턴에서 총회를 열어 채택한 「역사
마을 및 역사 도시지역의 보존에 관한 헌장」에 뿌리를 뒀다고
합니다.

이코모스는 「워싱턴헌장 1987」이라고도 불리는 이 성명서
에서 "모든 도시 공동체는, 오랜 기간 점차적으로 발달해온
것이든 계획적으로 만들어진 것이든, 역사를 통해서 나타나
는 사회의 다양성에 관한 표현"이라며 "오늘날 어느 사회에
서나 볼 수 있는 산업화에 따른 도시개발에 의하여, 이와 같
은 지구 중 많은 것이 위기에 처하거나 물리적으로 저하되거

나 손상되거나 혹은 파괴되고 있다"라고 진단했습니다.

이 헌장을 제정한 목적은 보존의 원칙, 목적, 방법을 규정하는 것인데, 이코모스는 이에 대해 "마을이나 도시지역의 역사적인 특징 및 이 특징을 나타내는 물질적이고 정신적인 요소가 모두 포함된다"라고 했습니다(김하나 2008). 그러면서 보존할 대상으로 제시한 항목은 다음과 같습니다.

> a) 필지나 도로에 의해서 만들어지는 도시적인 패턴
> b) 건물과 녹지 및 오픈스페이스 사이의 관계
> c) 규모, 크기, 양식, 구법, 재료, 색채, 장식에 의해서 규정되는 건물 내외의 형태적 외관
> d) 마을이나 도시지역과, 자연물과 인공물 모두를 포함하는 주변 간의 관계
> e) 시간의 흐름에 따라 마을이나 도시지역에 축적된 다양한 기능
>
> _ 김하나, 「역사 마을 및 역사 도시지역의 보존에 관한 헌장
> (워싱턴헌장 1987)」, 『건축역사연구』 제17권 1호, 2008, 123쪽

'무엇을'을 빼면 '왜 보전하는가'라는 질문이 남습니다. 이코모스는 a~e 항목을 두고 "이와 같은 특질을 위협하는 사항

은, 역사 마을이나 역사 도시지역의 진정성을 손상하게 된다"
라고 경고했습니다. 하지만 백사마을 같은 달동네에서 지형,
터, 골목길이라고 해봤자 산줄기를 따라 낸 비탈길에 구불구
불한 골목길, 그런 질서 없는 길을 따라 되는대로 앉힌 집터,
또 길과 집 사이사이에 아무렇게나 가꾼 텃밭 같은 것들뿐인
데, 어떤 역사와 진정성을 말하는 걸까요? 서울시는 백사마을
주거지보전사업을 이렇게 설명했습니다.

> 서울의 마지막 달동네로 불리는 노원구 중계본
> 동 백사마을이 재개발되는데, 40년간 쌓아온 마
> 을의 정취를 고스란히 살리는 주거지 보존 방식
> 으로 이뤄져 주목된다. (…) 즉, 1960~1970년
> 대 서민의 숨결을 그대로 간직한 집과 골목길,
> 계단길, 작은 마당 등 일부 주거지는 원형을 살
> 리는 방식으로 개발돼 서민들의 애환과 주거지
> 생활사는 그대로 보존될 전망이다. (…) 서울시
> 는 백사마을이 아날로그적인 서울의 옛 모습을
> 간직한 추억의 동네로 남게 돼 600년 서울의 흔
> 적을 담은 근·현대사의 도시문화 유산으로 큰
> 역할을 할 것으로 기대하고 있다.
>
> _ 서울특별시, 「서울시, 백사마을 '서민의 숨결' 고스란히 살려

재개발」 보도자료, 2011년 9월 5일자.

이상합니다. 주거지가 아니라 드라마 세트장을 만들겠다는 이야기일까요? 민속촌이나 디즈니랜드도 아니고, 진짜 사람이 사는 마을을 만드는 일인데 말입니다. 나아가 서울시는 "앞으로 근·현대사가 공존하는 도시문화 유산인 백사마을을 각계 전문가들의 의견을 수렴해 역사교육장, 영화촬영지, 관광지 등으로도 활용할 수 있도록 검토할 예정이다"라며 "백사마을 주거지 보존구역이 관광 명소화되면 분양아파트 자산 가치도 상승할 것으로 기대하고 있다"라고 했습니다(서울특별시 2011). 근처 서울시립과학관과 연계해 백사마을을 학생들의 체험 학습 코스 중 한 곳으로 쓴다는 구상까지 했다고 전해집니다.

이쯤 들으니 실제 서울 한복판에 비슷한 취지로 만든 공간이 불현듯 떠오릅니다. 경희궁 옆에 있는 '돈의문박물관마을'입니다. 원래는 좁은 골목을 끼고 인근 직장인과 서민이 즐겨 찾는 다양한 식당과 주점이 있는 동네였는데, 서울시는 2019년 인근 뉴타운 아파트 재개발 시행 과정에서 공원 용지로 기부채납된 이 땅을 이름 그대로 박물관처럼 전시하는 마을로 꾸몄습니다. 1960~1970년대에 있었을 극장, 여관, 이발소, 사진관, 만화방, 구락부(클럽) 등이 재현되었습니다. 이곳은 그 시절을 경험했던 세대에게는 옛 추억에 흠뻑 빠져들 기회를, 그 시절의 풍경을 처음 접하는 세대에게는 색다른 경험을 제공합니다. 그래서 실제 체험 학습을 오는 학생들이 눈에 자주 띕니다. 여러모로 근·현대적 정취를 담은 민속촌이라고 볼 수 있습니다.

하지만 이름과 달리 이곳은 '마을'이라고 할 수 없습니다. 사람의 자취는 전혀 찾아볼 수 없기 때문입니다. 진짜 사람들이 드나들었던 생명력 있는 가게들을 모조리 내보내고 재개발한 자리에 과거를 어설프게 박제했을 뿐입니다(최미랑 2019). 한마디로 '죽은 공간'입니다.

백사마을은 돈의문박물관마을과 결코 같은 '마을'이 될 수 없습니다. 처음부터 사람이 살지 않는 전시관으로 기획한 공간과 진짜 사람이 사는 마을은 달라야만 합니다. 자기가 사는 동네를 외지인의 시선에 갇힌 관광지로 만들고 싶은 사람이 있을까요? 서울시의 계획은 '역사'와 '추억'을 명분 삼아 자칫 백사마을을 한낱 구경거리로, 가난한 삶을 전시품으로 취급하는 꼴이 될 수 있었습니다. 10명의 건축가도 끊임없이 같은 질문을 마주했을 것입니다. 이들 역시 서울시의 선전에 엮여 허무맹랑한 낭만주의에 빠졌다는 호된 비판을 들어야 했습니다.

'터 무늬' 있는 백사마을

자, 이제 건축가들이 답할 차례입니다. 서울시는 마치 백사마을을 누군가의 볼거리로 만드는 양 설명했습니다. 그런데 건축가들은 이런 해석에 고개를 절레절레 젓습니다. 그들은 이 마지막 남은 달동네를 좀 다른 시선으로 본 답을 내놓았습니다. 백사마을의 지형, 터, 골목길이 '순전히 사람의 손에 의해 일군 것'일 뿐만 아니라, '대면 공동체를 추동해왔던 건축적 장치'이기 때문에 보전해야 한다는 것입니다(이민아 2014).

풀어서 써보면 불암산의 비탈진 땅에서 백사마을 원주민들이 집을 짓고, 길을 내고, 마당을 만들고, 텃밭을 가꾸고, 곳곳에 쉬어갈 수 있는 평상이나 정자를 놓은 방식에 이웃을 배려하고 함께 어울리며 살고자 했던 삶이 녹아 있다는 뜻입니다. 건축가들의 이야기는 대략 이렇습니다.

백사마을 지형은 북사면(남쪽으로 갈수록 고도가 높아지는 경사지)입니다. 마을의 북쪽이 가장 낮고 남쪽이 가장 높습니다. 지대가 낮을수록 물을 쓰기에도, 일거리를 찾으러 시내로 나가기에도 더 편리합니다. 그래서 산자락에 집이 들어서는 방식이 대개 그렇듯, 백사마을에서도 낮은 쪽인 지금의 백사마을 초입부터 한 채씩 집이 들어서면서 마을을 이뤘습니다. 철수네가 가장 지대가 낮은 자리에 집을 지었다면, 그다음에 마을에 들어온 영희네는 철수네 집보다는 한층 높은 땅에 집을 짓게 됩니다.

이때 중요한 문제가 하나 생깁니다. 지형이 높은 쪽이 남향이므로, 나중에 지은 영희네 집이 먼저 지은 철수네 집에 드는 햇볕을 가릴 수 있습니다. 영희네가 집을 어떻게 짓느냐에 따라 철수네 일조권이 달린 것이죠. 그런데 백사마을에서는 집이 한 채씩 늘어날 때 그전에 있던 집의 일조를 방해하지 않게 배려한 흔적들이 나타난다고 합니다. 앞집과 뒷집 사이에 적당한 너비로 마당이나 텃밭, 길을 내면 햇볕을 가리지 않을 정도의 거리를 확보할 수 있습니다. 대신 자기가 사는 집은 조금 작아진다는 점을 감수해야 합니다. 이것은 절대 쉽지 않은 결정입니다. 우리 도시에서 일조권을 다투며 걸려 있는 수많은 현수막을 떠올려보면, 백사마을 사람들이 얼마나 어려운 일을 해냈는지 금방 깨달을 수 있습니다. 건축가들은 이런 게 바로 '공동체의 흔적'이라고 말합니다.

초기 백사마을 사람들은 1960~1970년대 서울 청계천·중랑천 인근에서 무허가 주택을 짓고 살다가, 행정 당국에 의해 집을 철거당하고 트럭에 실려 당시는 허허벌판이었던 백사마을 자리로 옮겨왔습니다. 당시를 기억하는 '백사마을 1세대' 주민이 증언한 내용이 기록으로 남아 있습니다.

백사마을의 집터와 골목에서는 주민이 손으로 직접 쌓아올린 흔적을 발견할 수 있다.

별 대안이 없는 주민들은 천막을 공유한 이웃들과 서로 도와 집을 지었다고 한다. 서울시가 각 집에 배포한 시멘트를 인근 하천의 모래와 섞어 시멘트 벽돌을 함께 찍고, 서로 도와 벽을 세워 집이 형태를 갖추게 되었다고 한다. 건축 일에 종사한 경험을 갖고 있던 주민들이 적극적으로 서로 도와주기도 하여 전형적인 '민중 건축'의 형태를 띤 주택단지가 되었다. 이 지역의 주도로인 마을 입구에서 언덕 위까지 연결되는 길도 주민들이 직접 곡괭이질을 하여 닦았다고 한다. 정부에서 주민들에게 열흘 일하면 밀가루 한 포대 주는 방식으로 일을 시켜 이 지역을 정비하기 시작했다고 한다.

_ 조옥라, 「백사마을의 공동체문화」, 『비교문화연구』 21(1), 서울대학교 비교문화연구소, 2015, 60쪽

이렇게 집을 한 채씩 짓는 과정에서 형성된 골목 역시 백사마을의 공동체적 성격을 잘 드러내는 공간입니다. 당시 서울시가 철거민들을 집단으로 이주시키다보니 청계천이면 청계천, 중랑천이면 중랑천, 이렇게 원래 살던 지역의 사람들끼리

백사마을에서도 이웃해 살게 되었고, 자연스럽게 같은 골목을 낀 집끼리는 마치 한집처럼 돈독하게 지냈다고 합니다. 이들은 아무것도 없던 빈터에 처음 맨손으로 집을 지을 때, 집으로 들어가는 골목을 저마다 따로 내지 않고 서너 채씩 모아 같은 골목을 공유하도록 만들었습니다. 역시 골목을 낸 만큼 집은 작아지므로 이 과정에서도 이웃 간의 양보와 배려가 필요합니다. 백사마을 사람들은 그렇게 만든 골목을 때로는 거실처럼, 때로는 부엌처럼 함께 사용했습니다.

> 8평 남짓한 방에서 나와서 골목 안 층계나 의자에 앉음으로써 그 골목이 바로 자신의 공간이 되는 것이다. 동네에서 일어나는 일을 손쉽게 파악할 수 있으며 이를 통하여 함께 외부의 지원을 받을 기회를 얻을 수도 있다. (…) 골목이나 가게 앞 간이의자에 앉거나 계단에 쪼그리고 앉아 있는 이웃들은 '심심하니까' '별 할 일이 없으니까' 집 밖으로 나와 골목의 이웃들과 이야기를 나눈다. (…) 더운 여름날 이웃 친구가 마을 아래쪽에 갔다 올라오면 평소에 함께 소일하던 친구가 집에 재빨리 가 얼음물을 가져와 내주기도 한다. 먹을 것이 생기면 언제라도 나누어 먹는다. 순대

같은 별식이 생기면 한 사람에게 한 조각밖에 안
돌아가도 갖고 와 함께 먹기도 한다.

_ 조옥라, 앞의 글, 64~68쪽

건축가들은 새로운 백사마을을 디자인할 때도 이 같은 삶이
묻어난 공간 구조를 존중하기로 했습니다. 그래서 지형, 터,
골목길을 보전해야 한다고 본 것입니다. 이코모스는 「워싱턴
헌장 1987」에서 건물 역시 보존해야 할 대상으로 꼽았고, 서
울시도 2011년에는 백사마을의 집을 고스란히 남겨 리모델
링한다는 계획을 세웠습니다. 서울에서는 이미 1970년대 개
량 판자촌이 거의 다 재개발되어 백사마을이 간직한 풍경이
아주 진귀한 상황이기는 했습니다. 다만, 건축가들은 집들이
이제는 다 너무 낡아서 금방이라도 무너질 듯 위험하니 새로
짓는 게 불가피하다고 판단해 허물기로 했습니다.

대신 건축가들은 새집을 설계하는 데 다소 특이한 규칙을
세웠습니다. 백사마을 형성 초기 원주민들이 각자의 집을 지
었던 방식을 답습하듯이 작업하기로 한 것입니다. 10명이 각
각 디자인할 구역을 나눠 가졌지만, 한 골목을 공유하는 이웃
관계에 있는 집을 디자인할 때는 끊임없이 서로 관여했습니
다. 자연스럽게 이웃의 다른 건축가가 디자인하는 구역을 배

백사마을은 구릉지의 낮은 곳부터 집이 하나씩 들어차 형성된 마을이다.

려해 집의 높이를 낮추거나 방과 출입구의 위치를 바꾸는 과정을 숱하게 반복해야 했습니다. 이것은 집에 관한 한은 작가, 예술가, 엔지니어라고 할 수 있는 건축가들이 자신을 철수와 영희 같은 장삼이사로 낮추는 과정이었습니다.

또 골목은 장애인이나 노인의 이동을 고려해 기울기나 폭을 조절하는 경우가 아니라면 대부분 그 원형을 유지하기로 했습니다. 지금의 형태가 골목을 단순히 지나다니는 길이 아니라 잠깐씩 머무르며 서로 만나게 하는 데 최적화된 구조라고 봤기 때문입니다. 골목은 저마다 폭도 다르고 길이도 다른데 그중에서도 주민들이 잦은 만남을 갖는 장소가 따로 있었습니다. 각자 집 앞에서 뻗어 나온 골목이 합쳐져 생기는 작은 공간들이 그랬습니다. 그곳에 걸터앉을 만한 계단이나 낮은 담이 없으면 저마다 가져온 의자가 하나둘씩 모였습니다. 건축가들은 이 공간을 '의자골목' 혹은 '골목마당'이라고 부릅니다.

그 누구도 그곳을 이웃과 만나는 장소라고 정하지 않았습니다. 하지만 여러 갈래의 골목이 만나는 곳이나, 여러 사람이 대화할 수 있을 만큼 적당히 가까우면서도 답답하게 부대끼지 않을 정도의 거리를 유지할 수 있는 공간이 우연히 생겨났고, 그곳은 이웃과 이웃을 마주치게 하고 발걸음을 멈추게 했습니다. 건축가들은 이러한 공간들을 재개발 후에도 남기고자 했던 것입니다.

같은 맥락에서 아파트를 공동체 문화와는 대척점에 있는 주거 형태로 보고, 백사마을 주거지보전사업에서는 철저하게 배격할 대상으로 삼았습니다. '반反아파트' 기조를 '선언'이라고 해도 될 만큼 매우 단호한 어조로 규율에 새겼습니다.

> 그러나 근대화를 표방한 한국에 정착되는 과정에서 '아파트' 그리고 '아파트 단지'는 철저히 자본주의적의 양식으로 생산됨으로써 모든 공간과 장소가 사적 소유화되었고, 거주풍경domestic landscape에 "공동체 의식community sense"은 더 이상 보이지 않게 되었다.
>
> _ 이민아, 앞의 글, 8쪽.

언뜻 터무니없어 보였지만, 건축가들은 백사마을의 지형·집터·골목 같은 '터의 무늬'만큼은 살려야 한다는 신념을 갖고 '터무니 있는 여정'을 시작했습니다.*

---

* 표준국어대사전에 따르면 '터무니'에는 두 가지 뜻이 있다. 1. 터를 잡은 자취. 2. 정당한 근거나 이유다. 건축가 승효상은 백사마을 주거지보전사업을 설명하면서 "그동안의 재개발은 깡그리 부수고 바꾸는 방식입니다. 이곳은 터에 새겨진 무늬, 즉 터무니를 살리자는 겁니다"(임종업 2014)라고 말한 바 있다.

진짜 사람이
남는 마을로

10명의 건축가가 백사마을에서 눈여겨본 것은 '공유하는 삶'이었습니다. 백사마을 사람들이 물물을 나누며 살다보니 공간도 나누게 되었다는 해석은 곧 이렇게 공유한 공간, 즉 공유부가 백사마을의 원주민뿐만 아니라 다음 세대에게도 전승되면 좋겠다는 바람을 낳았습니다. 그래서 건축가들은 백사마을 공유부의 구조를 분석해 이를 백사마을 재개발 계획에 적용했습니다. 사적 소유를 강조하는 아파트는 철저하게 배제했습니다. 이러한 결기는 「백사마을 디자인가이드라인」에 "마을 전체가 지향하는 자원의 공유, 공간의 공유, 기회의 공유를 구현하는 계획을 한다"라는 문장으로 담겼습니다.

백사마을 주거지보전사업 구역 투시도

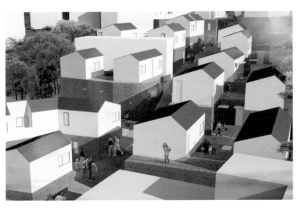

무엇이 공동체를 만들까

하지만 건축가들의 강한 확신만큼이나, 백사마을 주거지보전 사업에는 논쟁적인 부분도 적지 않습니다. 무엇보다 근본적인 의문 하나가 남습니다. 아파트를 지양하고, 원주민들이 만나고 함께 먹고 이야기를 나눴던 특유의 공간 구조를 남긴다고 해서 과연 예전의 그 백사마을 공동체가 재개발 후에도 지속할까요? 건축가들의 의도를 최대한 받아들여도, 공유부를 강조한 공간 구조는 공동체를 위한 '최소한'의 장치에 불과합니다. 바로 그 공동체를 이룰 '사람'에 관한 이야기가 빠졌기 때문입니다.

건축가들이 분명하게 선을 그었던 아파트에서도 실제로는 다양한 공동체를 꾸리고 살아갑니다. 그곳에도 공동체가 필요한 '사람'이 있기 때문입니다. 특히 어린아이를 키우는 부모들이 그러합니다. 비슷한 또래의 자녀를 어린이집 혹은 학교에 보내는 가정은 육아·교육 정보를 공유하거나, 장난감 등 물품을 서로 교환하기 위해 가깝게 교류하는 걸 볼 수 있습니다. 동네 초등학교 앞에서는 부모들이 자녀 하교 시각을 앞두고 기다리다가 자연스럽게 말을 트고, 자녀를 학원에 보내놓고 기다리는 동안 근처 카페에서 함께 시간을 보내기도 합니다. 그러다 사이가 더 가까워지면 어쩔 수 없이 집을 비워야 할 때 서로 자녀를 보살펴달라고 부탁할 수도 있게 되고요. 어떤 아파트 단지에서는 이러한 '돌봄 품앗이' 조직을 체계적으로 꾸리기도 합니다.

이렇듯 '한 아이를 키우려면 온 마을이 필요하다'라는 격언은 요즘 아파트 단지에서도 유효합니다. 품앗이에 참여하는 모든 가정에서 '내 아이를 잘 키우고 싶다'라는 같은 욕구가 작동하기 때문입니다. 아파트냐 아니냐에 앞서 더 중요한 건 나와 같은 욕구를 지닌 사람이 같은 동네에 있느냐 없느냐는 점 아닐까요? 바로 그 '사람'이 없다면 공동체도 없을 것입니다.

백사마을에도 공동체를 추동한 욕구가 있었습니다. 그 욕구는 '가난'과 '시간'에서 비롯된 것으로 보입니다. 가난한 백사마을 사람들은 돈을 벌 수 있는 일거리뿐만 아니라 각종 자선·후원사업에 접근하기 위해서라도 이웃과 가까운 관계를 맺어야 했습니다. 또, 끝끝내 지독한 가난의 굴레에서 벗어나지 못하고 백사마을에서 수십 년 동안 머물러야 했던 시간이 그런 관계를 더욱 돈독하게 만들었습니다. 시간과 함께 형성된 탄탄한 이웃, 이것은 비단 백사마을이 아니더라도 사람 사는 곳 어디에서든 매한가지로 나타나는 관계입니다.

연구자들이 할머니들의 사랑방이라고 불리는 한

주민의 가게에 앉아 대화에 함께 참여하고 있을 때, 많은 주민이 그 가게에 드나들었는데, 오가는 대화 속에는 "누구네 후원 물품 받았나?" "내가 일주일에 한 번 국 끓이는 봉사 가니까 할머니들한테 후원물품 나오는 거 알고나 있어라" "옆집에도 국 좀 갖다주면 안 되나, 또 술만 마시고 있을 텐데" 등 한 번의 대화에도 주민 몇 사람의 이야기들이 흘러나왔다. (…) 이처럼 104마을은 오랜 시간 주민들이 마을에 들인 노력의 축적, 공동체적 관계를 바탕으로 그 지역 특유의 마을성을 지니고 있었고, 주민들 또한 '이곳에서 오래 산 사람'으로서의 주인의식을 은연중에 드러냈다.

_ 장봄, 「재개발을 앞둔 104마을의 현재」, 서울연구원, 2015, 52~53쪽

그래서 재개발 후에도 골목이나 집터를 남기는 것, 천편일률적인 형태에 배타적인 소유 구조를 지닌 아파트를 벗어나는 것뿐만 아니라, '원주민이 계속 살아가는 마을' 또한 자연스럽게 백사마을 주거지보전사업의 핵심 과제가 되었습니다.

20퍼센트만 남는 재개발

사실 재개발 후 원주민의 행적을 보면, 한국의 재개발은 '재再 (다시)개발'이라고 부르기가 좀 민망한 수준입니다. 재개발 사업이 끝나고 원주민이 재정착하는 비율은 20~30퍼센트 정도에 그치기 때문입니다. 원래 그곳에 살던 사람들이 재개발로 깔끔하고 편리하게 다듬은 새 터전에 계속 살지 않는다면, 대체 누구를 위해 집과 동네를 '다시' 짓는다는 말인가요? 재개발 사업이 속도전과 분양 이익 극대화에만 초점을 맞추는 동안 원주민 재정착 여부는 관심을 받지 못했던 게 현실입니다.* 집이 계속 살 수 없을 정도로 너무 열악하니 재개발해서

---

* 원주민 재정착률과 관련한 대표적인 연구로는 장영희 외 (2007)와 그 후속 연구인 장영희 외(2011)가 있다.
2007년 연구에서는 2005년 4월 뉴타운 사업 중 최초로 공식적인 입주를 시작한 성북구 길음4재개발구역의 조합원 868가구 세입자 600가구 등 총 1468가구를 조사한 결과, 재개발 사업 전 길음4구역 살던 조합원이 재정착한 비율은 15.4퍼센트였다.
2011년 연구에 나타난 재정착률은 다소 차이를 보인다. 2009~2010년 준공된 미아6구역 1684가구, 가재울2구역 450가구, 노량진1 재개발구역 254가구를 대상으로 2011년 1월 현재 재정착률을 조사했다. 그 결과, 재개발 사업 전 해당 정비구역에 살던 조합원이 재정착한 비율은 미아6구역 26.8퍼센트, 가재울2구역 41.7퍼센트, 노량진1 재개발구역 23.3퍼센트로 나타났다. 전체적으로 보면 조합원의 재정착률은 30.5퍼센트로, 길음4구역보다 2배 정도 높다.

새집을 지었을 텐데, 그것을 누리지 못하고 그냥 나가는 사람이 10명 중 7, 8명이라니, 너무 과장하는 건 아닐까요? 하지만 현실의 재개발을 조금만 생각해보면 이 수치는 전혀 이상할 게 없다는 사실을 알 수 있습니다.

재개발 대상지는 보통 3~4층짜리 다세대·다가구주택이

두 연구 모두에서 재개발 후 분담금과 임대료 수입에 대한 우려가 나타난다. 2007년 연구에서는 뉴타운 사업지구 개발에 반대하는 자가 가구 151가구를 조사한 결과, 30.4퍼센트는 '신규 공급 아파트 입주 불가능'을, 21.1퍼센트는 '임대료 수입이 없어져 생계 막막'을 그 이유로 꼽았다. 2011년 연구에서는 589가구를 조사한 결과, '신규 아파트 가격이 비싸서 입주 불가'가 38.7퍼센트, '임대료 수입이 없어져 생계 막막'이 16.3퍼센트였다.

세입자 관련해서는 2007년 연구에서 보상대상 세입자 600가구 중 135가구(22.5퍼센트)가 공공임대주택 입주권을 선택했는데, 길음4구역 내 임대주택에는 이 중 42가구만이 입주했다는 결과가 있다. 10퍼센트가 채 안 된 셈이다. 길음4구역 외 지역을 포함해도 임대주택에 최종 입주한 가구 비율은 12.3퍼센트였다. 2011년 연구에서도 보상 대상 세입자가 해당 정비구역 내 임대주택에 입주한 비율은 약 10퍼센트였다. 해당 정비구역 외 임대주택을 포함해도 20퍼센트가 되지 않는다.

다만 '재정착'의 개념에 관해서는 여러 의견이 있다. 재정착의 범위를 꼭 '해당 정비구역 내'로 한정할 필요가 없다는 주장도 제기된다. '생활권' 개념을 적용하면 같은 사업지구(가령 ○○1구역인 경우 ○○2구역 등)뿐만 아니라 같은 구나 시에 정착해도 재정착으로 볼 수 있다는 주장도 있다. 나아가 이창무(2008)는 토지주뿐만 아니라 세입자 역시 관련 대책이 진전되어 보상을 받으면 주거 수준을 높일 수 있는 점을 들어 원주민 재정착이 '절대적인 선'은 아니라고 주장한다.

밀집한 지역입니다. 원래 가진 땅과 집이 워낙 영세하다보니, 재개발 후 새집을 받는 데 필요한 분담금을 내지 못하는 경우가 많습니다. 아니면 세입자에게 임대료를 받아 생활했는데 재개발 후 달랑 아파트 한 채를 받으면 수입이 아예 사라지는 사람도 있습니다. 백사마을의 경우, 형성 초기 이주민 한 가족에게 주어진 땅이 고작 6~8평이어서, 현재 원주민이 그 땅의 가치를 평가받아봤자 손에 쥐는 금액은 '억' 소리가 나는 분담금을 대기에는 터무니없이 적습니다. 모아놓은 돈이 없고 대출로도 감당하지 못하면 헌 집을 내주고도 새집을 받을 수 없게 됩니다. 이러한 사람들은 이른바 '현금 청산', 즉 헌 집을 그냥 돈을 받고 팔아 살던 곳을 떠납니다.

땅주인, 집주인도 이럴진대 세입자의 현실은 어떨까요? 다세대·다가구 밀집지에서 실제로 살아가는 주민은 대부분 세입자입니다. 통계청 「2020 인구주택총조사보고서」를 보면, 2020년 기준 서울 전체 398만 가구 중 단독(다가구)주택·다세대주택 거주자는 178만 가구인데, 이 중 자가 가구 비율은 33퍼센트(60만 가구)뿐입니다. 10가구 중 7가구가 세입자 가구라는 뜻입니다.[*]

---

[*] 아파트에서는 자가 비율이 58퍼센트(171만 가구 중 99만 가구)로 단독·다가구·다세대주택보다 더 높다.

세입자는 재개발 사업의 보상 대상으로 분류되면 공공임대주택 입주권과 주거이전비*를 받을 수 있습니다. 하지만 실제로 공공임대주택에 입주하는 비율은 10~20퍼센트에 불과합니다. 세입자 수와 비교해 공공임대주택 공급량이 턱없이 적은 데다.** 몇 년 사이에 이사를 두 번이나 하는 일이 더 부담스럽기 때문입니다. 재개발 공사를 하는 동안 어차피 다른 곳으로 이사해야 하는데, 재개발이 끝나고 임대주택에 입주하려면 또 이삿짐을 꾸려야 합니다. 어떻게 보면 동네 실거주자의 70퍼센트나 되는 세입자들이 그곳의 실질적인 주민인데, 정작 이들의 재정착률은 10퍼센트 안팎에 그칩니다.

---

* 주거이전비는 「공익사업을 위한 토지 등의 취득 및 보상에 관한 법률 시행규칙」 제54조(주거이전비의 보상)에 따라 도시근로자 월평균 가계지출비를 기준으로 가구원 수에 맞춰 지급한다.
** 국토교통부 고시 「정비사업의 임대주택 및 주택규모별 건설비율」에 따라 현재는 재개발 사업으로 건설하는 주택의 20퍼센트를 임대주택으로 지어야 한다. 이 비율은 2020년 9월 이전에는 15퍼센트, 2015년 5월 이전에는 17퍼센트였다.

반 $\frac{1}{4}$ 이라도 남는다는 꿈

이런 현실을 반추해 서울시에서는 백사마을 주거지보전사업만큼은 여느 재개발 사업과 달라야 하지 않느냐는 의견이 고개를 들었습니다. 하긴, 원래 마을에 살던 사람들이 다 떠나가는데, 그들이 생활한 집터, 골목, 텃밭 따위만 남긴다는 발상은 공허하게 느껴지는 것도 사실입니다. 다른 재개발과 똑같이 원주민이 10~20퍼센트밖에 안 남았는데, 그 재개발에 '주거지보전사업'이라는 이름만 씌우는 건 그저 허울에 불과하지 않을까요?

저소득 밀집 거주지가 현재와 같이 고가의 고층 아파트로 전환될 때 저소득층인 원주민이 살 수 없다면 진정한 재개발 주택 정책이라고 할 수 있겠느냐는 질문이 정책입안자들 사이에도 제기되기 시작했다. 노원구 중계본동 언덕에 자리잡고 있는 달동네, 백사마을의 재개발 계획은 이러한 의미에서 새로운 지역 개발에 대한 논의의 영향을 직접적으로 받는 곳이 되었다. 백사마을이 재개발 지역으로 지정되면서부터 '주민들을 몰아내지 않는 재개발 정책' 방안이 모색되기 시작했다.

_ 조옥라, 앞의 글, 53쪽

　서울시는 재정착률을 한번 최대한 끌어올려보기로 했습니다. 당시 재개발을 앞둔 백사마을에는 대부분 소득이 낮고 나이가 많은 분들이 남아 있었습니다. 2018년 1~2월 백사마을 440가구를 조사해보니, 가구주 가운데 60세 이상이 66.0퍼센트, 50대가 24.5퍼센트였습니다. 전세 가구 중 85.2퍼센트는 보증금이 2000만 원을 넘지 않았고, 월세 가구 중에서는 77.0퍼센트가 보증금이 500만 원 이하, 78.8퍼센트는 월세가 20만 원 이하였습니다(최은영 2018).[*]

　전세금 2000만 원 혹은 보증금 500만 원에 월세 20만 원. 이 돈으로 서울 어디를 가면 살 만한 집을 구할 수 있을까요? 쉽게 떠오르지 않습니다. 그만큼 갈 곳 없는 사람들이 백사마을에 정착한 것입니다. 하지만 재개발 사업이 진척되면서 이들도 마을을 떠나 여기저기로 뿔뿔이 흩어진 상황입니다. 따로 살 집을 구한 사람도 있고, 서울시가 공급하는 임대주택에 들어가 사는 사람도 있습니다.

　그래서 서울시는 백사마을에 '재생지원센터'라는 현장밀착

---

[*] 2019년 3월 기준 백사마을이 속한 서울 노원구의 평균 월세 보증금은 7500만~1억 원, 평균 월세는 40만~100만 원이다(서울연구원 2019).

백사마을에는 아직 떠나지 않고 집과 골목을 가꾸는 주민들이 있다.

형 기관을 설치했습니다. 재생지원센터의 핵심적인 임무는 현재 재개발 때문에 일시적으로 다른 곳으로 이주한 원주민들과의 연결 고리를 유지하는 일입니다. 원주민이 어디로 이주하는지 파악하고, 이주한 뒤에도 계속 안부를 챙겼습니다. 목표는 훗날 주거지보전사업이 끝났을 때 이들을 새로 지은 임대주택으로 다시 입주시키는 것이었습니다.

처음에는 '50퍼센트 재정착'이라는 야심 찬 목표를 상정하기도 했지만, 현실은 그리 녹록지 않습니다.* 현재로서는 20~30퍼센트를 달성하는 것도 쉽지 않아 보입니다. 재개발이라는 게 대개 이런저런 사정으로 늘어지게 마련입니다. 관청의 인허가, 시공사 선정과 재설계 등 내부 요인과 부동산 경기 변동 등 외부 요인이 작용하기 때문입니다. 그사이 원주민들은 기다리기에 지치거나, 생업을 이유로 다른 지역에 정착하거나, 나이가 있어 끝내 돌아오지 못하기도 합니다. 백사마을도 결국 비슷한 전철을 밟을 수 있습니다.

근래에는 백사마을 주거지보전사업이 아예 좌초할 수 있는 변수가 생겼습니다. 서울시가 이 사업을 사실상 원점에서 재

---

* 장영희 외(2011)는 서울 시민의 자발적인 주거 이동 거리와 재개발에 따른 비자발적 주거 이동 거리를 고려해 원주민 재정착의 범위를 동일 자치구 등 '생활권'으로 한정하면, 재정착률의 적정 수준은 40~50퍼센트라고 결론지었다.

검토하기로 방향을 튼 겁니다. 그러면서 백사마을의 건축가들이 그렇게도 배격하고자 했던 아파트를 다시 등장시켰습니다. 지금처럼 3~4층짜리 주택이 아니라 고층아파트를 지으면 임대주택 공급량을 더 늘릴 수 있다는 논리를 듭니다. 집 한 채를 고스란히 복제해 쌓는 방식으로 짓는 아파트 공사비가 더 저렴하다는 논리도 이 주장을 뒷받침하고 있습니다(류인하 2022). 이른바 '사업성' 문제는 이전부터 백사마을 주거지보전사업의 발목을 잡는 요인이었습니다.

만약 주거지보전사업을 취소하고 새로운 재개발 계획을 짠다면 그 시간이 얼마나 걸릴지는 아무도 모릅니다. 관할 지자체가 재개발 행정 절차 중 가장 마지막 단계인 관리처분계획을 인가해 이주 및 철거 작업에 들어가도 새 단지를 완공할 때까지는 3~5년이 걸리는데, 백사마을은 그 이전 단계인 사업시행계획 인가만 받은 상태입니다. 재개발 계획을 다시 세우고 당국의 허가를 받기까지는 5년, 아니 10년이 걸릴 수도 있습니다. 그사이 백사마을과 연결 고리가 끊겨 다시는 돌아오지 못하게 될 원주민은 더 늘어날 것입니다. 원주민 재정착률을 높인다는 애초 목표는 허무하게 사라질 수 있습니다.

다시 정산하는 재개발 비용

10명의 건축가가 시도한 조금 다른 재개발, 그리고 그 시도를 저지하려는 힘. 이 충돌은 재개발을 놓고 항상 대립했던 '서로 다른 두 비용'의 문제를 다시 생각하게 합니다. 그동안 이 대결은 대개 한쪽의 승리로 점철되었습니다.

승리한 쪽은 건축가들이 그토록 벗어나고자 애썼던 대단지 아파트로의 재개발입니다. 새집을 지을 때는 토지주가 당연히 적지 않은 돈을 부담해야 하는데, 재개발은 토지주가 비용은 적게 치르고 수익은 나중에 몇 배로 튀길 수 있는 방향을 치열하게 계발하며 진화해왔습니다. 그 결과가 바로 대단지 아파트입니다. 하나의 집을 똑같이 복제해 층층이 쌓는 아파트를 가능한 한 많이 세울수록 건설 비용은 적게 드는 반면 자산가치는 높은, 즉 가성비 좋은 재개발이 됩니다. 높이 쌓을수록 이른바 '로열층'이 늘어나 분양가에 '프리미엄(웃돈)'이 많이 붙습니다.

재개발 아파트의 진화는 줄곧 덩치를 불리는 방향으로 나아갔습니다. 요즘 1000세대는 대단지 아파트 축에도 못 낍니다. 이제 아파트 단지는 3000~5000세대를 넘어 1만 세대까지 커졌습니다.* 1970~1990년대에 지은 아파트의 용적률**이 보통 150~180퍼센트 수준인데, 요즘은 300퍼센트까지 2

배로 키워달라는 요구쯤은 우습게 합니다. 이렇게 아파트 단지가 덩치를 키우려면, 각종 도시 규제를 결정하는 행정 당국의 협조가 꼭 필요한데, 당국은 '재산권'을 앞세운 이러한 요구를 수용하는 경향이 강했습니다. 그 결과로 어렵지 않게 대단지 아파트를 도시 이곳저곳에서 볼 수 있게 되었습니다. 우리는 대단지 아파트를 건설해 토지주의 비용을 아끼는 재개발에 익숙합니다.

반대로 건축가들은 땅과 집에 아무런 권리가 없는 사람들, 세입자들이 살 임대주택에 집중했습니다. 재개발하려는 땅에 살던 사람 대다수가 세입자인데, 비록 낡았지만 저렴하기에 머물 수 있었던 집을 어쩔 수 없이 떠나며 치르는 비용에 대해서는 아무도 이야기하지 않습니다. 그들을 위한 임대주택을 공급하면서도, 토지주들이 소유할 대단지 아파트와 달리 그 임대주택이 어떤 모습이어야 할지는 역시 이야기하지 않습니다. 그 결과는 교통이 불편한 서울 외곽에 몰아넣듯 덩그러니 지은 임대단지, 아파트 단지 한구석에 처박힌 1~2동짜

---

* 2018년 12월 준공한 송파구 헬리오시티가 9510세대로 현재 서울에서 가장 규모가 큰 단지다.
** 건물의 지하층을 빼고 각 층 바닥 면적의 합계를 대지 면적으로 나눈 값으로, 건물의 부피를 나타내는 지표라고 보면 된다. 용적률이 클수록 건물의 덩치가 크다.

리 임대아파트, 한 동네에서 가장 후미진 곳에 매입한 임대주택입니다. 현실에서 '질 좋은 임대주택'은 선거를 앞두고 반짝하고 마는 구호일 뿐입니다.

백사마을 주거지보전사업은 이 오랜 승패의 역사를 한번 뒤집어보고자 했는데, 결국 패색이 완연한 상황입니다. 원주민 세입자의 재정착, 이웃 공동체를 담아냈던 공간의 재현 따위는 정책에서 우선적인 지위를 얻지 못했습니다. 앞서는 건 오로지 토지주의 비용을 더 절감하기 위한 분양주택 확대, 그리고 자산 가치를 더 높여줄 대단지 아파트로의 전환입니다. 서울시의 한 핵심 인사는 주거지보전사업을 원점에서 재검토해야 하는 이유를 제 앞에서 이렇게 주장했습니다.

"임대아파트에 사는 사람도 분양 아파트처럼 고층에서 도시를 내려다보며 살 권리가 있지 않겠어요?"

우리 사회에서 아파트가 양적 논리뿐만 아니라 질적 논리까지 점유한 주거 유형이라는 사실을 잘 보여주는 말입니다. 아파트는 깔끔하고, 편리하고, 관리하기 쉽고······. 단지의 규모가 클수록 어린이집, 피트니스 센터, 실내 골프장, 카페, 독서실, 경로당 같은 주민 편의시설도 더 많이 갖출 수 있습니다. 단지 안에서 생활에 필요한 모든 걸 해결할 수 있는 겁니다. 그래서 많은 사람이 아파트에 살기를 선호합니다. 정부가 주택공급 계획을 발표하며 100만 호니, 250만 호니 할 때 이 물량은 거의 전부 아파트를 전제로 둡니다. 서울에는 분당이나 일산, 과천처럼 신도시를 세울 땅이 없으니 대부분 기존 저층 주택지를 재개발하는 방식이 동원됩니다. 모든 재개발이 대단지 아파트로 귀결되는 게 논리적으로 마땅해 보입니다.

하지만 잘 살펴보면 서울 곳곳에서 이 논리적 귀결의 맹점을 목격할 수 있습니다. 어떤 곳에서는 동네를 완전히 허물고 아파트를 짓는 재개발이 세입자는 말할 것도 없고 토지주가 치러야 할 비용까지 막대하게 물립니다. 그런 곳에서는 모두가 패자가 되고 맙니다. 그리고 재개발하는 곳뿐만 아니라 주변 지역사회와 이 사회를 지탱하는 제도 전반에도 패배의 그림자를 드리웁니다. 이제 백사마을을 떠나, 이 패배의 역사를 증언하는 서울 종로구 창신동으로 가보겠습니다.

버스가 하루 두 번만 다니던 곳

'백사마을'이라는 이름에는 크게 두 가지 연유가 알려져 있습니다. 하나는 마을 전체가 '서울시 노원구 중계본동 산 104번지'라는 단일한 주소를 갖고 있다는 데서 따온 '백사(104)'마을입니다. 집배원이 편지를 전하려면 마을 입구부터 물어물어 집을 찾아야 했다고 합니다. 다른 하나는 '허허벌판에 세운 마을'이라는 뜻을 지닌 '백사(白沙, 흰 모래밭)'마을입니다. 1960~1970년대 서울 도심 개발에 내몰린 이들이 마을에 왔을 때 나무 한 그루 없는 빈터였다는 증언에서 나왔습니다. 둘 다 백사마을이 겪은 소외와 빈곤의 시간을 담은 이름입니다.

정확한 때는 알 수 없으나, 1964년 이전에 이미 수재·화재를 입은 이재민이나 철거민들이 백사마을 일대에 정착했다고 합니다. 대규모 이주는 1967년 청계고가도로 착공이 촉발했습니다. 서울시가 청계천변 무허가 판잣집을 철거하면서 그곳에 살던 사람들을 트럭에 태워 백사마을로 이주시켰습니다. '불도저'라는 별명을 가졌던 김현옥 당시 서울시장은 시내 무허가 주택 13만7000동 중 절반을 철거하겠다는 계획을 세웠습니다. 이에 따라 서울역, 용산, 남대문, 서대문, 이문, 돈암, 영등포 등 각지의 철거민들이 집을 잃고 백사마을로 옮겨오게 됩니다. 서울시 기록에는 1967~1968년 중계동으로 모두 1180가구가 이주한 것으로 나옵니다. 백사마을은 지금의 관악구 봉천동, 송파구 거여동, 양천구 신정동 등과 같은 도시 빈민의 이주 정착지였습니다.

노원구 상계·중계동 일대가 1980년대 택지로 개발되어, 지금이야 대단위 아파트 단지가 즐비하지만, 그때는 중랑천 변 마들평야의 일부인 농토였습니다. 그보다도 외곽에 있는 백사마을에 도로·수도 같은 기반시설이 있었을 리가 없습니다. 이주민 네 가구가 한 천막 아래에서 지냈고, 한 가구당 8평씩 분필로 선을 그어 영역을 나눴다고 합니다. 버스가 하루 두 번 오갔고, 우물도 없어 개울물을 마셨을 정도로 환경이 열악했습니다.

서울 성북구 중계동 난민촌 2000여 가구 주민대
표 50명은 16일 상오 서울시에 몰려와 교통수단
과 식수, 하수구 문제를 해결해달라고 농성을 벌
였다. 이들에 의하면 이 일대는 매일 단 2대의
시영버스가 아침 저녁에만 운행, 교통지옥을 이
루고 있으며 그나마도 빠지는 일이 많아 시내로
통학하는 많은 학생이 학교도 못 나가고 있다는
것이다. 또 시에서 약속한 공동 우물도 파주지 않
아 개울물을 마시고 있으며 하수구 시설이 전혀
되어 있지 않아 비만 오면 흙이 집 안까지 흘러들
어 불안스러워 잠도 제대로 잘 수 없다 한다.

_「難民村(난민촌)주민들籠城(농성)」, 『경향신문』, 1968년 7월
16일자

나중에 주민들은 정부가 지원한 시멘트에 진흙과 모래를 섞
어 만든 블록을 쌓아 집을 지었습니다. 공동 우물을 길어다
쓰다가 1980년대 들어서야 상하수도가 연결됐습니다. 1980
년 3월 3일자 『동아일보』에는 "중계동 104번지 철거민 정착
지에 살고 있는 주민의 한 사람"이라고 밝힌 독자가 "쥐꼬리
만 한 수입에 방세를 제하고 나면 정말 살아나가기가 암담할
뿐이다"라며 "어떠한 일자리도 좋다. 사람의 힘으로 할 수 있

는 일거리라면 닥치는 대로 해나갈 작정이다"라고 호소하기도 했습니다.

그나마 1980년대는 백사마을이 가장 번성한 시기였습니다. 갓 권력을 잡은 신군부는 정치적 혼란기의 수습책 중 하나로 대규모 아파트 공급을 준비하면서, 백사마을 같은 이주 정착지 주민들에게 국공유지를 싼값에 넘겨 민심을 달래고 택지 개발 재원도 마련하려고 했습니다. 이주 초기 땅에 분필로 그었던 선이 필지를 나누는 선이 됐고, 빈민들은 하루아침에 토지주가 됐습니다.

백사마을 내 산업도 번성했습니다. 섬유제품 수출 증대와 맞물려 백사마을 곳곳에 들어선 '요꼬(니트 편직)' 공장은 사람들을 유입시켰습니다. 어떤 공장은 요꼬 기계를 수십 대 놓을 정도로 컸다고 합니다. 공장 노동자들이 마을에 드나들면서 식당, 다방, 옷가게, 신발가게, 쌀집, 정육점 등 상점이 우후죽순처럼 늘어났고 좌판이 깔렸습니다. 마을 입구가 시장통이나 다름없던 시절이었습니다.

시끌시끌한 마을 풍경 너머로 재개발 논의도 덩달아 떠들썩해졌습니다. 토지 불하로 토지주가 된 이들이 1993년 처음으로 '개발추진위원회'를 꾸렸습니다. 2008년 개발제한구역이 해제되면서 개발의 물꼬가 트였고, 2009년 5월 재개발 구역으로 지정됐습니다. 서울 곳곳에 '뉴타운 바람'이 일 때였습니다. 하지만 백사마을이 얼마 남지 않은 달동네의 원형을 보여준다는 이유로 재개발이 아닌 리모델링을 해 보존해야 한다는 주장도 나오면서 재개발은 지지부진해졌습니다. 2011년 서울시는 결국 재개발을 하되 지형, 골목, 집터 등을 남기는 주거지보전사업을 추진하기로 했습니다.

1990년대부터 재개발 기대감이 부풀고 꺼지기를 반복한 사이, 토지주들은 대부분 마을을 떠났습니다. 개발에 걸림돌이 될지 몰라 빈집에 세입자를 들이지 않는 경우가 많았다고 합니다. 연탄을 쓰는 마을에 도시가스를 들이자는 요구도 많았지만, 언제 재개발될지 모르는 상황에선 통하지 않았습니다. 백사마을은 점점 쇠퇴하기만 했습니다.

역설적으로 그런 배경 때문에 백사마을은 현대사 내내 서울에서 도시 빈민의 몇 안 남은 둥지 역할을 할 수 있었습니다. 1980~1990년대에는 마을에서 가까운 상계·중계지구 택지 개발로 갈 곳을 잃은 철거민들이 밀려 들어왔습니다. 당시 월세는 1만~2만 원 수준이었습니다. 2018년 기준 현 거주민 3명 중 1명은 1997년 IMF 외환위기 이후에 마을에 들어왔습니다. 월세방의 약 80퍼센트는 보증금 500만 원, 월세 20만 원을 넘지 않습니다(최은영 앞의 글). 재개발 절차가 막바지에 이르렀지만, 마을에는 아직 떠나지 않은 사람들이 있습니다.

골목이
회오리치는
동네

서울 종로구 창신동은 서울이 '한양' 혹은 '경성'이라고 불리던 시절, 사대문을 벗어나 처음 만나는 동네였습니다. 이순신 장군이 굽어보는 광화문 세종로사거리에서 종로 1∼5가를 지나 흥인지문(동대문)을 나오면 왼편으로 집들이 조밀하게 들어찬 산동네가 보입니다. 그곳이 창신 1·2·3동입니다. 동네가 올라탄 산은 낙타의 등을 닮았다고 해서 낙산이라고 부릅니다. '락(낙)타산' 혹은 '타락산'이라고도 불렸는데, 한양 남쪽의 목멱산(남산), 북쪽의 백악산(북악산), 서쪽의 인왕산과 함께 수도의 동쪽 경계를 가르는 산이었습니다.

일제강점기 점령자들은 단단한 돌산인 낙산을 파헤쳐 화강암을 날라다 조선총독부와 서울역 같은 근대 건축물을 지을 때 썼습니다(이영만 외 2019). 해방 이후 채석은 중단되었지만, 아직도 능선이 깎여나간 자리에 황폐하게 남은 절벽이 그 역사를 전합니다.

동대문부터 낙산 능선을 따라 완만하게 올라가는 길은 제법 낭만적인 산책로로 유명한 낙산성곽길입니다. 이 성곽은 한양도성의 일부로, 북쪽으로 약 2킬로미터 이상 떨어진 성북동까지 이어집니다. 낙산성곽길에 오르면 그 아래로 창신동의 전경이 한눈에 들어옵니다.

토막촌, 판자촌, 빌라촌

창신동은 근현대사에서 줄곧 저소득층이 사는 지역이었습니다. 일제강점기에는 고향을 떠나 서울(경성)에 올라온 가난한 농민 출신 노동자들이 이곳에 자리를 잡았습니다. 일제가 시가지를 반듯반듯하게 정리하는 근대화 계획*을 시행하면서 집 잃은 도시 빈민들도 창신동 산기슭에 둥지를 틀었습니다. 당시 사대문 밖에서 창신동은 아현동, 도화동, 현저동과 함께 흙으로 허술하게 지은 움막집이 밀집한 곳, 즉 '토막촌'으

---

* 1934년 조선총독부는 「조선시가지계획령」을 공포하고 도시를 격자형으로 정비하는 구획정리사업을 벌였다.

한양도성 성곽에서 바라본 창신동 전경

한양도성 성곽에서 바라본 창신동 야경

로 유명했습니다. 어느 겨울 창신동에서 난 화재로 자녀들과 집을 잃은 어느 부부의 사연을 전한 신문 기사에 이 토막촌의 주거 환경이 얼마나 열악한지를 묘사한 대목이 있습니다.

> 거적과 조잇장(종잇장) 같은 판자 빨가게(빨갛게) 녹스른 양철로 만들어진 토막이 군데군데 잇어(있어) 대경성의 도시와는 시간으로 몇 세기와 공간으로 몇만 리나 떠러저 있는 것(떨어져 있는 것) 같엇다(같았다).
>
> _「土幕(토막)은 冷灰(냉회)로 되고 돈없어 入院(입원)도 못해」, 동아일보, 1935년 2월 14일자

그로부터 한 세기 가까운 시간이 흘렀습니다. 그사이 서울은 몇 배로 팽창하면서 '대경성'에서 '대서울'로 바뀌었지만, 지금도 창신동은 다른 시공간의 느낌을 자아냅니다. 창신동 역시 백사마을처럼 이곳에 정착한 순서대로 질서 없이 집을 세우고 길을 낸 전형적인 달동네입니다. 토막촌은 해방 이후 판자촌으로 변했고, 판자촌은 산업화 이후 다시 빌라촌으로 변했습니다.

「서울특별시 도시 및 주거환경정비 조례」에서 과소필지, 즉 크기가 너무 작아 주택 등 건축물을 짓기에 적합하지 않은 필

지 기준을 90제곱미터(약 27평) 이하로 규정하는데, 창신동에서도 경사가 가장 가파른 편인 창신2동에는 이러한 과소필지가 전체 필지의 60퍼센트가 넘습니다(서울특별시 2015). 그나마 1990년대 들어 주거환경개선사업을 시행하면서 작은 필지를 여러 개 합쳐 줄인 결과가 이렇습니다. 이전에는 20제곱미터(약 6평) 이하 필지가 무려 20퍼센트에 달할 정도로 땅이 잘게 쪼개져 있었습니다.* 토막집이 차지했던 조그만 집터를 민간에 헐값에 불하하면서 법적인 필지 구분으로 그대로 이어진 흔적입니다. 대물림된 빈곤은 땅에도 그 흔적을 새겼습니다.

　작은 땅에 들어선 작은 집도 많이 낡았습니다. 「도시 및 주거환경정비법」에서 노후·불량 주택 기준으로 삼는 20년 이상 된 건축물이 2015년 기준으로도 80퍼센트에 달했습니다(서울특별시 앞의 글). 지금은 노후도가 더 심해졌다고 볼 수 있습니

---

* 「도시 및 주거환경정비법」 제2조는 주거환경개선사업을 '도시 저소득 주민이 집단거주하는 지역으로서 정비기반시설이 극히 열악하고 노후·불량 건축물이 과도하게 밀집한 지역의 주거 환경을 개선하거나 단독주택 및 다세대주택이 밀집한 지역에서 정비기반시설과 공동이용시설 확충을 통하여 주거 환경을 보전·정비·개량하기 위한 사업'이라고 규정한다. 창신동 주거환경개선사업은 도로 폭을 좁히면서 건물 용적률은 키우는 식으로 진행되어 현재의 과밀한 환경을 갖게 되었다(서울역사박물관 2011).

창신동에서 경사가 가파르고 심하게 휘어지기로 유명한 이른바 '회오리골목'.

다. 도로 사정 또한 매우 열악합니다. 창신동에서 가장 지대가 높은 지역에는 주민들이 '회오리길'이라고 부르는 골목이 있는데, 'S'자로 굽이치는 경사는 숙달된 차량 운전자도 다닐 엄두를 내기 힘들 정도입니다. 도로가 좁고 가팔라서 마을버스도 드나들 수 없습니다. 마을버스가 돌아서 나올 만한 경로와 도로 폭을 확보하는 게 쉽지 않기 때문입니다.

그렇다보니 창신동 주민들은 지하철 1호선과 4호선이 교차하는 동대문역 주변 '초역세권'에 살지만, 동네의 가장 후미진 곳에서 역을 오가려면 매일 20분 이상 걸어야 합니다. 그것도 회오리길처럼 가파른 길을요. 이곳에 사는 아이들과 노인들의 고생이 이만저만이 아닐 거라고 쉬이 짐작할 수 있습니다. 창신동 언덕을 오르며 가쁜 숨을 내쉬다보면 누구나 같은 의문을 품을 수밖에 없습니다. '여기는 대체 왜 재개발하지 않는 걸까?'

똥냄새 난다는데 왜 아직도

2021년 5월, 그 답을 찾아보려고 창신동 일대를 헤매다가 자칭타칭 재개발추진위원장이라는 주민을 만난 적 있습니다. 그가 상주한다는 창신동 사무실을 찾아가는 길, 멀리서부터 재개발의 당위성을 홍보하는 건조한 음성이 들렸습니다. 특별할 것 없는 다가구주택 1층에 '재개발추진위원회' 간판이 달린 사무실이 있었고, 사무실 밖에 설치한 스피커에서는 무한반복 재생 중인 음성이 찌렁찌렁 울려 퍼졌습니다.

재개발추진위원장은 자신이 이 동네 토박이나 다름없다고 했습니다. 그와 마주 앉아 재개발 이야기를 꺼내니 그는 기다렸다는 듯 대뜸 동네의 '냄새'에 대해서 이야기했습니다.

"동네에 정화조 시설조차 없는 집이 많아요. 비만 오면 똥 냄새가 진동한다니까요."

그러면서 기자도 한번 맡아봐야 안다며 사무실 창문을 열었는데, 그날 비가 오지 않았는데도 살짝 퀴퀴한 냄새가 나긴 했습니다. 똥냄새를 맡아보라고 연 창문으로 스피커 소리가 흘러들어 귀가 무척 괴롭다고 느끼던 찰나, 그가 이번에는 수첩을 펼쳐 무엇인가를 줄줄 읊어대기 시작했습니다.

"2020년 10월 633-1, 또 10월 초 143-18 ○○약국 뒤편, 이건 기사도 났던 거예요. 12월 말 문구완구종합상가, 2021년 3월 말 406-1, 4월 초 신발도매상가, 5월 초 목조주택……."

창신동에서 불이 난 날짜와 주소였습니다. 그는 탁자 유리 아래 깔린 창신동 지도를 손가락으로 일일이 짚으며 "도로가 좁아 여기에서부터는 소방차도 들어올 수 없어요. 이런 데는 하수관 몇 개 건드려서는 턱도 없어요"라고 말했습니다. 그에

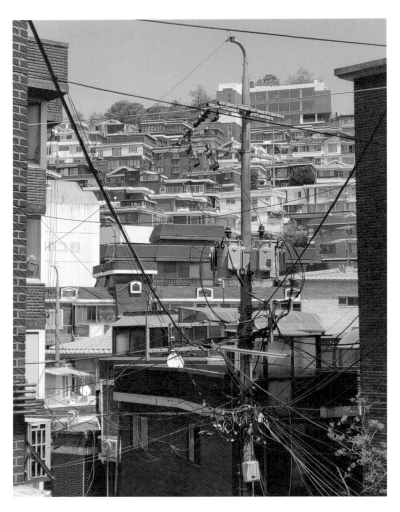

창신동은 가파른 경사 주변으로 집이 빽빽하게 들어찬 동네다.

게 창신동에 대한 명쾌한 해법은 오직 재개발뿐인 듯했습니다.

하지만 문제가 그리 간단하지만은 않습니다. 창신동을 재개발하려는 시도가 없었을까요? 그럴 리가 없습니다. 창신 1·2·3동에 이웃한 숭인동까지 모두 엮어 '뉴타운'을 내걸고 재개발을 추진한 역사가 있습니다. 2007년 4월 뉴타운 예정지 '창신·숭인 재정비촉진지구'로 지정되었지만, 2013년 6월까지 6년을 끌다 결국 엎어졌습니다. 창신동은 뉴타운 열차에 가장 마지막에 올라탔다가 가장 먼저 내렸다는 기록을 썼습니다.

이후 창신동은 재정비촉진지구가 아니라 '도시재생 선도지역'*이 되었습니다. 대규모 재개발이 아닌 소규모 재건축·재개발을 지향하고, 필요한 곳에 주차장·도서관·공원 등 기반시설을 공급해 생활권을 개선한다는 취지 아래 2014~2017년 정부와 서울시가 예산 200억 원을 투입했습니다. 주민들이 뜻을 모아 골목 정화, 주민공동시설 건립, 어린이놀이터 조성 등 사업을 벌였습니다. 주민들이 간절히 바랐던 주차장

---

* 2014년 「도시재생 활성화 및 지원에 관한 특별법」 제33조(도시재생선도지역의 지정)에 따라 국토교통부가 도시재생 사업 파급 효과가 크다고 판단하는 창신·숭인 등 13개 지역을 지정했다.

도 건설하기 시작했습니다.

창신동에 살았던 예술가 백남준을 기리는 카페, 창신동을 상징하는 산업인 봉제업을 기념하는 역사관이 문을 열었습니다. 이런 곳에서는 주민들을 직원으로 고용해 작은 지역경제를 형성했습니다. 전면적인 재개발이 일어나지는 않았지만, 낡은 집을 고쳐 쓰거나 새로 짓는 사람들이 보였습니다. 서울시는 집수리나 신축에 드는 비용을 낮은 이자로 빌려주며 지원했습니다. 그러면서 '사회주택(공적임대주택의 한 종류)'이나 작은 필지에 걸맞은 '협소주택'을 짓고 창신동에 전입하는 주민들도 생겼습니다. 젊은 사업가들은 낡은 빈집을 개조해 카페 등 상업 시설을 운영했습니다. 시간이 멈춘 듯한 창신동의 풍경이 '레트로'나 '빈티지'를 희구하는 사람들에게 꽤 매력적이었나봅니다.

그렇다고 재개발 요구가 완전히 사라진 건 아닙니다. 주민들은 뉴타운을 꿈꿨을 때나 도시재생을 받아들였을 때나 변함없이 도로와 상하수도 같은 기반시설 정비를 절실하게 원했습니다.* 도시재생 사업이 이 요구를 해결하지 못한다고 판

---

* 2013년 9월 실시한 주민 여론 조사 결과를 보면, '서울시에 바라는 요구사항'으로 '보도/도로 확장, 정비'(16.0퍼센트), '주차 공간 확보'(15.0퍼센트), '방범 대책 강화'(10.8퍼센트), '녹지 공원 확충'(3.8퍼센트), '쾌적한 녹색 거리 환경 조성'(2.8퍼센트)

단한 적잖은 주민들이 재개발에 다시 관심을 가지기 시작했습니다. 그래서 정부나 서울시가 새 부동산 정책을 내놓을 때마다 창신동은 재개발 가능성을 타진해보는 주민들로 들썩거립니다. '공공재개발'이니 '도심복합사업'이니 '신속통합기획'이니, 정부나 지방자치단체가 제시하는 재개발 사업 종류가 너무 많다보니 서로 다른 사업을 선호하는 주민들의 모임이 우후죽순 생겨나기도 합니다.

문제는 아직 손에 잡힐 만큼 진척된 사업이 보이지 않는다는 점입니다. 주민들이 여전히 위험하고 냄새난다고 불평하는데도 안 되는 재개발, 대체 무엇이 문제일까요?

등을 가장 많이 꼽았다(서울특별시 2015). 또, 창신동의 건축물 중 소방차가 드나들 수 있는 최소 폭인 4미터가 채 안 되는 도로에 접한 경우가 40퍼센트가 넘는다(이영만 외2019).

덩칫값을
못 하는
아이러니

우리 사회의 재개발은 '덩치'를 키우는 방향으로 진화했습니다. 그 결과가 지금은 1만 세대까지 불어난 대단지 아파트입니다. 재개발의 진화를 이러한 방향으로 이끈 유전자는 '비용'입니다.

재개발하면서 비용을 아끼려면 무조건 덩치를 키워야만 합니다. 헌 집을 허물고 새집을 짓는 일에는 당연히 돈이 들어갑니다. 그 돈을 헌 집을 가졌던 주인이 대는 것 또한 당연합니다. 이 집주인들이 모여서 '조합'을 꾸려 새집 짓는 일, 즉 재개발을 추진합니다. 그렇게 헌 집 1000세대 집주인들이 모였다고 하면, 새로 짓는 아파트 세대 수가 1200세대든 1400세대든 1000세대보다는 많아야 합니다. 많으면 많을수록 집주인들에게는 더 좋습니다.

예컨대, 새 아파트를 1400세대로 짓는다고 하면 이 중 1000세대를 원래 헌 집을 가졌던 주인들이 한 채씩 나눠 갖고, 나머지 400세대를 외지인들에게 분양해 수익을 낼 수 있습니다. 새 아파트를 짓는 데 들어간 건설비에서 이 분양금을 빼면 헌 집 1000세대 주인들이 대야 할 몫, 즉 분담금이 줄어드는 겁니다.

그래서 모든 재개발은 되도록 덩치를 키우려고 합니다. 용적률을 키우고 층수 제한을 없애 더 뚱뚱하고 더 높게 지으려고 행정 당국과 씨름하는 것이 다 그런 노력입니다. 내가 사는 집을 더 크고, 더 높은 아파트로 고쳐 지을수록 오히려 내가 내는 돈이 줄어드는 희한한 판이 바로 재개발인 셈입니다.

헌 집 줬는데 새집이 없다니

2000년대 중후반 유행처럼 번졌던 뉴타운은 이 개념을 극한으로 밀어붙였습니다. 한 동네를 넘어 한 동(洞)도 모자라 몇 개 동을 합쳐 재개발하는 게 뉴타운입니다. 은평, 길음, 왕십리, 돈의문, 한남, 가재울, 아현, 신정, 천호, 장위, 신길, 흑석, 거여·마천, 창신 등 서울 곳곳이 과거 강남 개발과 같은 천지개벽을 뉴타운으로 이루고자 했습니다.

강남 개발을 답습한다는 건 도시를 완전한 '백지'로 만들고 다시 시작하겠다는 뜻입니다. 1960년대만 해도 서울은 광화문, 용산, 동대문, 마포, 영등포 정도를 가리키는 말이었고, 지금의 이른바 '강남 3구(강남·서초·송파)'는 소를 끌어 논밭을 갈던 곳이었습니다. 하지만 박정희 정권은 1968년 1월 김신조 일당이 청와대를 습격한 사건을 계기로 안보에 불안을 느꼈고, 그나마 북한의 공습에 안전한 강남을 본격 개발하기 시작했습니다. 논밭을 반듯한 격자형(ㅐ) 도로로 나누고, 이 체계 위에 주거, 학교, 공원, 상업을 배치한 계획적 도시가 완성되었습니다.

반면 강북 일대는 비계획적 도시입니다. 사대문 안의 범위였던 한양 혹은 경성이 서서히 확장되면서 시간의 흔적이 켜켜이 쌓인 형태를 띠고 있습니다. 1950~1960년대에는 청계천 위를 도로로 덮었다가 2000년대에는 도로 벗겨내는 과정을 거쳤듯, 구불구불한 물길을 덮어 그대로 도로로 쓰기도 하고, 그 도로를 그때그때 필요에 따라 일부를 반듯하게 펴거나 방향을 틀기도 하면서 격자형 강남과는 달리 불규칙한 모양이 되었습니다. 기와를 얹은 도시형 한옥과 '문화주택' 혹은 '양옥'이라고 불렸던 붉은 벽돌집, 지금의 시각으로 볼 때는 교외에 있어야 마땅한 산업지대, 현대식 아파트 단지가 마구 뒤섞였습니다. 공원이나 학교 같은 생활권을 제대로 갖추지 못한 건 말할 필요도 없습니다.

이러한 강북의 여건에서는 새집뿐만 아니라 도로, 공원, 학교 같은 기반시설까지 한꺼번에 공급할 수 있는 재개발 수법이 필요하다고 해서 나온 개념이 바로 뉴타운입니다.* 뉴타운은 2000년대 서울을 태풍처럼 휩쓸었고, 그 흔적을 아주 깊게 남겼습니다. 한때 서울 면적의 4퍼센트, 인구 약 85만 명, 약 34만 세대가 뉴타운에 속한다는 통계가 나올 정도였습니다 (장남종 2015). 그 결과 은평뉴타운, 왕십리뉴타운, 길음뉴타운 등이 생겼습니다.

창신동도 뉴타운 대열에 합류하려고 했습니다. 그런데 창신동만으로는 무언가 부족하다고 생각했는지, 창신 1·2·3동에 4차선 도로를 사이에 두고 건너편에 있는 숭인 1동까지 합쳐서 '창신·숭인 재정비촉진지구'가 탄생했습니다. 정작 창신동·숭인동 주민들도 이 사업의 규모를 제대로 가늠할 수 없었나봅니다.

---

* 이른바 '뉴타운 특별법'이라고 불린 '도시재정비 촉진을 위한 특별법' 제1조(목적)는 "이 법은 도시의 낙후된 지역에 대한 주거환경의 개선, 기반시설의 확충 및 도시 기능의 회복을 위한 사업을 광역적으로 계획하고 체계적·효율적으로 추진하기 위하여 필요한 사항을 정함으로써 도시의 균형 있는 발전을 도모하고 국민의 삶의 질 향상에 기여함을 목적으로 한다"라고 밝힌다.

이제 이곳은 창신동과 숭인동의 주민들에게는 오히려 낯설게 들리는 '창신숭인'이라는 지명의 조합으로 불리게 되었다. (…) 낙산과 당고개, 동망봉 등 지형으로 생활권이 구분되어 있기 때문에 주민들도 서로를 '다른' 마을로 인식하고 있었다. 그럼에도 불구하고, '창신숭인'이라는 이름으로 묶여 뉴타운 후보지로 선정된 까닭에 서로 다른 마을이었던 창신 1, 2, 3동, 숭인 1동의 주민들은 '창신숭인'이라는 하나의 지명이자 일종의 운명공동체로 묶이게 되었다.

_ 이영만 외, 「다시 찾다, 창신숭인」, 서울특별시, 2019. 25~26쪽

창신·숭인 뉴타운 계획은 그야말로 담대했습니다. '24시간 활력 넘치는 복합 문화도시'를 표방하면서 최고 40층 높이에 용적률 1000퍼센트에 육박하는 도시를 꿈꿨습니다. 흔히 볼 수 있는 대단지 아파트의 용적률 220~230퍼센트의 4~5배에 달합니다. '컬처 시티Culture City' '랜드마크 타워Landmark Tower' '원스톱 라이프스타일One-Stop Lifestyle' 등 온갖 현란한 수사가 동원되었습니다(서울특별시 2010). 서울시는 2010년 당시 창신·숭인 뉴타운 계획을 발표하면서 2019년까지 완공하겠다고

창신동 재정비촉진계획 조감도(2010년 11월 기준)

했습니다. 하지만 2013년, 불과 3년 만에 창신·숭인 주민들은 스스로 뉴타운 계획에서 빼달라고 서울시에 요구하게 되었습니다. 서울시는 당시 뉴타운 지역에서 이권을 둘러싸고 난립한 각종 분쟁으로 골머리를 앓았습니다. 경찰서마다 뉴타운 지역 주민들이 찬반으로 갈려 서로를 향해 던진 고소·고발장이 넘친다는 말이 들렸습니다. 이런 상황에서 서울시는 결국 창신·숭인을 '뉴타운 해제 1호'로 선언하기에 이릅니다. 주민들이 뉴타운 사업으로 얻을 이익이 크지 않다고 판단한 것입니다. 훗날의 기록은 이렇게 증언합니다.

2010년 2월 재정비촉진계획의 주민 공람과 함께 뉴타운 사업의 구체적인 내용들이 공개되었다. 구역별 층수와 용적률, 건설되는 주택 수, 공원, 녹지, 기반시설 규모 등을 통해 사업성의 윤곽이 드러나게 되면서 주민들은 뉴타운의 유·불리 여부를 가늠해볼 수 있었고, 2010년 3월의 주민공청회 이후 뉴타운을 반대하는 주민들이 본격적으로 증가하게 되었다.

_ 이영만 외, 앞의 글, 27쪽

'사업성의 윤곽', 다시 말해 창신·숭인에 집을 가진 주민들이 내야 할 분담금이 너무 많았다는 이야기입니다. 이럴 때 보통 건설업계에서는 '사업성이 안 나온다' '사업성이 없다' 이렇게 말합니다. 어떻게 된 일일까요? 뉴타운은 '덩치를 키워야만 성공하는 재개발'이라는 개념을 할 수 있는 한까지 밀어붙인 재개발이니, 주민들이 질 부담이 줄어야 하지 않았을까요?

실제 사정은 달랐습니다. 주민들이 재개발하면서 가장 바라는 건 역시 '헌 집 주고 새집 받는' 일입니다. 서울시가 2010년 4월 공표한 창신·숭인 뉴타운 세부 계획을 보면 주택 공급 계획은 7855호, 계획 인구는 2만1208명으로 잡았습니다(서울특별시 2010). 그런데 2008년 기준으로 창신·숭인에는 9083세대, 2만6734명이 살았습니다(장남종 앞의 글). 덩치를 한껏 키운 뉴타운을 짓는데, 오히려 수용 가능한 가구와 인구가 줄어드는 것입니다. 심지어 임대주택 1517호를 빼면 분양주택은 6338호로 더 줄어듭니다. 창신·숭인의 토지 등 소유자 7028명에게 새집이 한 채씩 돌아가지 않는 셈입니다. "헌 집 줄게 새집 다오"라는 동요의 노랫말이 창신동에서는 통하지 않았습니다. 창신·숭인 뉴타운은 덩치만 잔뜩 키웠지, 정작 그 내실은 엉망이었습니다.

재개발 셈법이 말하지 않는 것

창신·숭인 뉴타운의 실상은 '재개발의 아이러니'를 잘 보여줍니다. 낮고 작은 집들을 전부 부수고 높고 크게 지으면 집이 몇 배씩 늘어날 것 같은데 꼭 그렇지는 않습니다. 심지어 재개발하기 전보다 집이 줄어들기도 합니다. 서울시 주택정책을 총괄했던 사람이 직접 5년 동안 재개발 지역에서 주택이 얼마나 늘었는지 계산해봤더니 10~20퍼센트 정도라고 합니다. 원래 있는 집 100채를 재개발하면 110~120채가 된다는 겁니다. 그런데 그의 표현을 빌리면 '마이너스친 데'도 있습니다(서울특별시의회 2021). 재개발했더니 창신·숭인 뉴타운처럼 오히려 집이 줄었다는 겁니다. 그럼 헌 집을 내주고도 새 집을 못 받는 사람이 생깁니다.

이러한 아이러니가 나타났던 곳은 창신·숭인 뉴타운뿐만이 아닙니다. 2008년 당시 뉴타운 26군데를 전부 조사했더니, 각 사업지에 사는 현재 세대 수보다 재개발 후 세대 수가 줄어드는 곳이 14군데로 절반을 넘었습니다. 26군데 사업을 전부 끝내면 34만7693세대가 31만3605세대로 오히려 약 10퍼센트 줄어든다는 결과가 나왔습니다. 아예 중랑구 중화뉴타운(1만8234→8126세대)처럼 절반 이하로 줄어드는 곳도 있었습니다. 강북구 미아뉴타운(1만8243→1만1291세대), 양천구 신정뉴타운(1만4190→1만1001세대)에서도 감소 폭이 컸습니다(장남종·양재섭 2008).

뉴타운은 서울을 한바탕 휩쓸고 지나갔습니다. 집을 오히려 줄이는 재개발의 아이러니는 끝까지 풀리지 않았고, 창신·숭인 뉴타운처럼 재개발에 찬성하는 주민과 반대하는 주민이 반목하며 다년간 진통을 겪은 끝에 무산된 곳이 적지 않습니다. 재개발 후 집이 50퍼센트 이상 줄어든다고 나타났던 중화뉴타운은 대부분 사업이 좌초되었고, 처음 계획한 물량 8126세대의 극히 일부인 1055세대만 2025년 말 입주를 앞두고 있습니다. 중화동 일대가 뉴타운 사업지로 지정된 때가 2003년이니,

고작 원래 계획의 10퍼센트가 겨우 넘는 물량을 재개발하기까지 20년 넘게 걸린 셈입니다. 미아뉴타운도 아직 절반 정도가 재개발되지 않았고, 신정뉴타운에도 결국 재개발이 좌초된 동네가 남아 있습니다.

이 같은 재개발의 아이러니는 우리에게 중요한 사실 한 가지를 알려줍니다. 당장 재개발해야 할 것 같은 허름하고 조그만 집들에 생각보다 엄청나게 많은 사람이 복작복작 모여 산다는 겁니다. 그리고 그 사람들은 대부분 소유주가 아니라 세입자입니다. 뉴타운 지역을 조사해보니 거주자 중 세입자 비율이 70퍼센트에 육박했습니다(장남종·양재섭 앞의 글).

재개발 이후 집이 오히려 줄어든다면, 그리고 그런 재개발이 뉴타운처럼 서울 전역에서 대량으로 진행된다면 무슨 일이 일어날까요? 이쪽 재개발로 이주할 집을 구하는 세입자가 거리로 쏟아지는데, 동시에 저쪽 재개발도 거리로 쏟아지는 세입자를 양산합니다. 서울의 부동산 시장이 세입자들의 전쟁터가 될 게 불 보듯 뻔합니다. 우리는 이미 2010년을 전후해 그 광경을 지켜봤습니다. 전세가 폭등을 넘어 아예 전셋집을 구하기 어려웠던 이른바 '전세대란'입니다. 당시 서울에서 한 해에 헐리는 주택이 최대 10만 채에 육박했을 정도로 동시다발적으로 뉴타운 사업이 진행되면서 세입자 이주량이 폭발적으로 늘었고, 결국 전세난으로 이어졌다는 분석이 많이 나왔습니다(김소민 2009).

　그즈음 뉴타운 개발 지역의 원주민 재정착률과 이주 경로 등을 연구한 사람들은 심상치 않은 현상 하나를 포착했습니다. 재개발 전에는 세입자 72가구 중 7가구가 지하(반지하)층에 살았는데, 재개발 후 이들이 이주한 집을 보니 반지하층* 에 사는 경우가 12가구로 늘었습니다. 더 나은 집, 더 나은 동네로 바꾸려고 재개발했는데, 어떤 사람들은 그 혜택을 누리기는커녕 영화 「기생충」의 가족처럼 지상에서 지하로 내려가 살아야 했습니다. 당시 조사 대상은 뉴타운 3개 지역이었습니다. 서울 전체를 놓고 보면 7가구가 12가구가 되는 수준이 아니라 700가구가 1200가구, 7000가구가 1만2000가구가 되는 사태가 될지도 모를 일입니다. 10여 년 시간이 흐른 지금, 이 가설은 불행히도 사실일 가능성이 큽니다. 왜 그리로 가야 했을까요? 이제부터는 이들에 관해 이야기해야 합니다.

---

* 보통 '반지하'라고 불리는 집은 법적으로 지하층으로 분류된다. 단, 이 글에서는 일상적으로 쓰이는 '반지하'를 사용한다.

떠나지
못하는
사람들

2014년 겨울, 서울 성동구 행당동의 한 철거 현장을 찾았습니다. 지금 그 자리에는 1000여 세대의 아파트 단지가 39층 높이로 쭉쭉 뻗어 있습니다. 제가 그곳을 찾았을 때는 이 아파트를 짓기 전 원래 동네를 철거하는 작업이 한창이었습니다. 토지 제도에 관한 기획 취재를 진행하면서 재개발에 반대하는 사람들의 이야기를 듣고 싶었고, 곧 철거로 사라질 동네를 물색하다가 이 행당동 철거민대책위원회의 총무라는 사람과 연락이 닿았습니다. 대책위의 사무실은 재개발 중인 동네의 초입에 있었고, 근처 지상철로를 오가는 전동차 소리가 닿는 곳이었습니다. 사무실 앞에 걸린 낡은 간판을 보고 그곳이 원래는 동네 구멍가게였다는 사실을 알 수 있었습니다.

사무실 앞에는 평상 하나가 놓여 있었는데, 그 위의 묵직한 스피커에서는 민중가요가 절규하듯 쩌렁쩌렁 울려 퍼졌습니다. 건물 주변으로는 '생존권 쟁취' '이주 대책 보장하라' '단결투쟁' 따위의 문구를 붉은 글씨로 써댄 깃발이 나부꼈습니다. 역시 붉은색 조끼를 걸친 사람들이 쇠파이프나 각목을 들고 건물 앞을 서성거렸고, 가끔 그걸 바닥에 질질 끄는 소리가 났습니다. 한겨울 살을 에는 듯한 날씨까지 겹쳐 제법 살벌한 풍경이었는데, 고개를 들면 그나마 이곳이 그 동네에서 유일하게 생기를 내는 곳이라는 걸 알 수 있었습니다. 이미 집을 부수기 시작한 동네에서는 온전한 유리창을 찾아보기 어려웠고, 텅 빈 창틀만 시꺼멓게 입을 벌리고 있었습니다. 사무실 근처에 모여 있던 사람들은 저를 보자 무척 반겼습니다.

"드디어 기자가 왔네."

"신문사에서 온 거여?"

"역시 그래도 ○○신문이 관심 가져주는구먼."

폐허에서 나타난 사람들

칙칙한 맨 시멘트 바닥에 석유난로 냄새가 진동하는 옛 구멍가게 안에서 한 노인과 마주 앉았습니다. 총무라는 사람에게 그 동네에서 꽤 오래 살았으면서 이주를 거부하고 있는 주민을 만나게 해달라고 미리 부탁해 그가 데리고 온 사람이 그 노인이었습니다. 그가 말할 때마다 옆에서 총무 등 붉은 조끼를 입은 사람들이 꺼들어 한마디씩 보태거나, 자기네끼리 두런두런 이야기 나누는 어수선한 분위기여서 정작 노인의 말에 집중하기는 너무 힘들었습니다.

어찌어찌 인터뷰를 겨우 마쳤는데, 문득 이 황량한 동네에서 노인이 어떻게 살아가는지 궁금했습니다.

"혹시, 지금 사시는 집을 잠깐 볼 수 있을까요?"

"……."

노인은 망설였습니다. 손녀가 집에 있는데, 기자 같은 사람들이 집에 들락거리는 걸 싫어할 것 같다고 했습니다. 노인의 사정을 존중하기로 하고 그냥 돌아서려는데, 오히려 대책위 총무를 비롯한 몇몇 사람이 제집인 양 당연히 기자에게 보여줘야 한다며 노인을 재촉했습니다. 노인의 표정은 조금도 내켜 보이지 않았지만, 이미 붉은 조끼를 입은 사람들은 대책위 사무실을 나가며 노인의 집으로 갈 채비를 했습니다.

그렇게 해서 노인의 집으로 가던 길, 이미 철거가 끝난 건물의 잔해와 깨진 유리병 같은 쓰레기들이 발에 챘던 게 기억납니다. 너저분한 골목을 지나치며, 이렇게 열악한 환경에서 어떤 주민들은 철거를 거부하며 버티고 있다는 걸 기사로 보여주기에 참 적절한 구도라고, 그저 그렇게 생각하며 걸었습니다.

동네 깊숙한 곳으로 한참 걸어 들어간 뒤에 나온 노인의 집은 반지하였는데, 노인의 집을 빼고 주변 다른 집에서는 인기척을 전혀 느낄 수 없었습니다. 노인의 남편은 지병 때문에 기력이 무척 쇠해서 집 밖으로 거동하기조차 어려워 보였습니다. 수시로 밭은기침을 내뱉었습니다. 미용실에서 일한다는 손녀는 하필 그날 일을 쉬어서 집에 있었지만, 방문을 걸어 잠그고 코빼기도 비추지 않았습니다. 서너 명이 앉으면 다른 여지가 없을 정도로 비좁은 방에서 이런저런 대화를 나누고 그 집을 나서는데 반기는 누군가의 목소리가 또 들렸습니다.

"정말 기자가 왔군?"

"이제야 언론이 관심을 보이는구먼!"

폐허가 된 동네 어디에선가 어느새 주민들이 하나둘씩 나와 노인의 집 앞에 모여들었습니다. 이런 환경에서 이토록 많은 사람이 살고 있다니, 좀 놀라웠습니다. 이렇게 '투쟁'이라는 걸 하면 무엇을 얻을 수 있을까, 재개발은 막지 못할 것 같은데, 내게 말하지 않는 다른 원하는 것이라도 있을까, 여러 생각이 스쳤습니다.

그날 행당동 주민들은 제 방문을 한껏 반겼지만, 정작 나중에 제가 쓴 기사에는 결국 다른 재개발 현장의 이야기가 담기게 되었습니다. 기자의 방문에 잔뜩 들떴던 표정이 떠올랐지만, 신문사에서 취재한 여러 현장 중 일부만을 골라 싣는 건 흔한 일이라서 대수롭지 않게 여겼습니다. 그때는 서울에 이런 재개발 현장이 한두 군데가 아니어서 철거민 투쟁은 웬만하면 기삿거리가 안 되는 시절이기도 했습니다. 며칠 뒤 총무라는 사람이 전화를 걸었습니다.

"그날 취재는 다 하신 것 같은데 왜 기사가 나오지 않는 거죠?"

독촉하는 듯한 그 말투에 살짝 불쾌했지만, 어쨌든 그렇게 그 재개발 현장과의 연은 끝나는 줄 알았습니다.

노인에게 하지 않은 질문

그 노인에게 갑자기 전화가 걸려온 건 그로부터 한 서너 달 지났을 때였습니다. '설마 지금까지 기사를 기다렸던 걸까?' 갸우뚱하며 전화를 받았는데, 노인은 전혀 다른 이야기를 했습니다.

그 노인은 이미 원래 살던 동네에서 얼마 떨어지지 않은 곳에 다른 반지하 집을 구해 이사했고, 그 동네를 떠나면서 이사비 한 푼 받지 못했는데 지금이라도 받을 방법이 없겠냐는 이야기를 장황하게 늘어놓았습니다. 이사를 하면서 이래저래 돈이 들었다거나 원래 살던 집보다는 집세도 좀 더 올랐다거나, 어쨌든 급하게 돈이 필요한 것 같았습니다. 그 노인은 동주민센터에 가서 읍소하기도 하고 사방팔방으로 뛴 끝에 결국 제가 줬던 명함에 적힌 전화번호로 연락한 상황이었습니다.

　제 머릿속에는 총무라는 사람이 떠올랐습니다. 그래서 그하고 이야기는 해봤느냐고 물었더니, 이 노인은 그를 비롯해 대책위에 얼굴을 비추던 몇몇이 아파트를 한 채 받았다든가 어쨌다든가 해서 나중에는 아예 보이지도 않더라는 소식을 전했습니다. 당시 재개발에 반대하는 사람들 때문에 건설 일정에 지장이 생기면, 간혹 '딱지(입주권)'를 나눠줘 회유한다는 말이 떠돌긴 했습니다. 소문이니, 진실은 알 수 없었습니다. 다만 그 겨울날 총무와 함께 저를 그 동네 이곳저곳으로 이끌고 다녔던 그 사람들의 상기된 얼굴과 붉은 조끼가 떠올랐습니다. 노인 딴에는 대책위를 믿고 의지했는데, 그 대책위가 갑자기 와해되자 할 수 없이 동네를 서둘러 떠났던 것입니다.

　그간 사정을 듣던 저도 황당하고 답답한 마음에, 하지만 지금 생각해보면 참 어리석은 질문을 던졌습니다. 기왕 이사하게 되었으면 방세가 좀 더 싼 서울 외곽 동네를 알아보지, 왜 행당동을 떠나지 않느냐는 게 제 물음이었습니다.

그런데 노인의 대답은 너무 간명해 오히려 저를 당황하게 했습니다. 노인은 폐지를 주워서 남편의 생계까지 책임지고 있는데, 오랫동안 폐지를 거래했던 고물상이 그 동네에 있다는 것, 그것이 노인이 행당동 근방을 떠나지 못하는 이유였습니다. 아무래도 노인 처지에서는 안면이 있는 고물상과 거래해야 안심할 수밖에 없고, 또 그 일 자체가 동네 어디서 폐지가 나오는지 알아야 할 뿐만 아니라, 폐지를 수집해 먹고사는 노인들끼리는 다 알음알음 제 '나와바리(구역)'를 정해 서로 침범하지 않는다는 불문율이 있기 때문이었습니다. 아예 다른 동네로 떠났을 때는 그 일을 똑같이 할 수 있다고 장담하기 어려웠을 겁니다.

그제야 저는 지난겨울 그 노인을 만났을 때 '가장 중요한 질문'을 하지 않았다는 걸 깨달았습니다. 사람이 오래 살던 곳을 떠나지 못하는 지극히 단순한 이유를 미처 헤아리지 못했습니다. 저는 노인의 사정을 들으며 얼굴이 화끈거렸습니다. 재개발 문제를 다루는 기사를 쓰겠다고 실컷 취재해놓고는, 대체 무슨 내용을 담아 기사를 썼던 걸까요. 그 노인이 저에게 무엇을 기대했는지는 모르겠지만, 어쨌든 저는 할 수 있는 게 아무것도 없었습니다. 그저 잘 풀리시길 바란다, 건강하시라, 혹시 또 어려운 일 있으면 연락해보시라 정도의 인사치레만 했을 뿐입니다.

그 이후 노인에게서 연락은 또 오지 않았습니다. 지금도 지하철 2호선을 타고 그 재개발 현장에 우뚝 선 아파트를 지날 때마다 그 노인을 떠올립니다.

신림 반지하와
종로 고시원

행당동 노인은 살던 동네가 만신창이가 될 때까지 반지하에서 버티고서도 겨우 옆 동네 반지하로 옮겨갔습니다. 그의 짧은 이주 반경을 두고 좁은 시야를 탓해야 할까요? 그럴 수는 없습니다. 그 노인에게는 익숙한 일거리를 유지하면서 몸이 불편한 남편, 출퇴근할 일터가 있는 손녀도 고려한 제일 나은 선택이었을 겁니다. 딱 그 정도가 그 노인이 옴치고 뛸 수 있는 세상의 전부였던 셈입니다.

노인이 살던 동네는 지금과 같은 아파트로 변신하기 위해 기존 터전을 싹 갈아엎었습니다. 하지만 노인처럼 그 결과물을 누릴 수 없는 사람들이 있습니다. 똥냄새가 나든 불이 자주 나든 오랜 세월 내 집처럼 살았는데, 냄새도 안 나고 안전한 집으로 재개발할 때는 그 혜택을 조금도 누리지 못합니다. 원주민 재정착률이 10~20퍼센트밖에 안 되는 점을 고려하면 재개발의 혜택에서 배제되는 사람이 오히려 더 많습니다.

이 동네 반지하에서 저 동네 반지하로 흘러간 노인의 궤적은 도시 주거의 '음지'와 '양지'를 다시 생각하게 합니다. 아무리 숱한 재개발로 환하게 빛나는 도시를 꿈꾸더라도, 그 도시에는 상대적으로 어둡고 뒤처진 공간이 생길 수밖에 없습니다. 뉴욕, 런던, 파리, 도쿄, 베이징, 그 어떤 도시를 떠올려도 '슬럼slum'이라고 부르는 허름한 주거지는 존재합니다. 그리고 도시에는 그런 집이 꼭 필요합니다. 누군가는 길이 가파르고 집이 볼품없어서 재개발해야 한다고 목청을 높이지만, 다른 누군가는 길이 가파르고 집이 볼품없어서 집세가 싼 집을 찾습니다.

행당동 노인이 그런 사람이었습니다. 그의 생업이었던 폐지 수거는 종이를 대규모로 사용하고 버리는 도시에서나 할 수 있는 일입니다. 그 도시는 폐지 줍는 사람이 없이는 아마 하루도 제대로 굴러갈 수 없을 겁니다. 몸에 피가 돌아야 하듯, 도시에는 자원이 순환해야 합니다.

2019년 기준 도시의 주거지역에서는 하루 폐지가 2300톤 넘게 발생했습니다. e커머스 등 배송 문화가 대세가 되면서 하루만 지나도 재활용 수거함에는 뜯긴 상자가 수북이 쌓입니다. 누군가가 이 폐지를 치워야 도시는 유지될 수 있습니다. 폐지를 수집하는 노인들이 우리나라에서 하루 동안 발생하는 폐지의 약 10퍼센트, 전체 재활용량의 약 20퍼센트를 처리하며, 이를 도시의 주거지역으로만 한정하면 하루 발생량의 약 35퍼센트, 재활용량의 약 74퍼센트를 처리한다는 연구 결과가 있습니다(배재윤·김남훈 2022).

폐지 1킬로그램을 모아봤자 100원도 받지 못하는데, 하루 50킬로그램을 수집한다 해도 많아야 5000원을 벌 수 있습니다. 이래서는 한 달 내내 쉼 없이 폐지를 주워도 손에 쥐는 돈이 15만 원 안팎에 불과합니다. 도시에서 매일 쏟아지는 폐지를 줍는 노동이 계속 필요하다면, 도시에는 이 정도 소득으로 거주할 수 있는 집도 필요합니다. 그래야 행당동 노인이 내일도, 모레도 거리로 나와 폐지를 주울 수 있습니다. 우리 도시에는 그런 집이 충분히 있을까요? 하물며 그런 집을 재개발로 하나씩 없애는 건 우리 스스로 도시를 지탱하는 하부 구조를 야금야금 갉아먹는 일입니다. 그런 일이 계속되면 정말 도시의 균형이 깨질 수도 있습니다.

반지하라는 합리적 선택

우리는 2022년 여름 폭우 속에서 일어난 '신림동 반지하 참사'에서 그 징후를 읽었습니다.

그해 8월 8일 호우가 내려 서울 관악구 신림동의 반지하 주택이 여럿 침수되었을 때, 어느 집에서 면세점 판매노동자인 40대 여성과 10대 딸, 또 이 40대 여성의 언니가 물에 잠겨 숨진 사건이 발생했습니다. 이 가족은 현관문 바깥에 급속히 빗물이 들어차자 수압 때문에 문을 열 수 없어 미처 빠져나오지 못한 것으로 보입니다. 그날 서울 강남구, 서초구, 동작구 등 한강 이남 지역에서 일제히 물난리가 났고, 112와 119에도 신고 전화가 폭주해 구조를 요청할 수 없었다고 합니다. 숨진 가족 중 언니는 발달장애인인 것으로 알려졌습니다. 집에서 물에 빠져 죽을 수가 있다니, 이 뉴스는 시민들에게 크나큰 충격을 주었습니다.

이틀 뒤, 비극적 사건의 충격이 채 가시기도 전에 서울시는 갑자기 반지하 집을 모두 없애겠다고 발표했습니다. 오세훈 서울시장은 당시 "지하·반지하 주택은 안전·주거환경 등 모든 측면에서 주거취약 계층을 위협하는 후진적 주거 유형으로, 이제는 사라져야 한다"라고 했습니다(서울특별시 2022). 반지하는 수해에도 취약하지만, 사생활 보호나 환기 같은 주거 요건 면에서도 좋지 않으니 더는 새로 만들지 말자거나, 현재 있는 반지하 집 20만 호를 서서히 없애자는 구상이었습니다. 서울시 산하 공기업인 서울주택도시공사가 반지하를 사들여

주민 공동창고 등으로 바꾼다는 구체적인 아이디어도 제시했습니다. 1980년대 주택 공급 수단 중 하나로 반지하를 활용*할 때부터 단추를 잘못 끼웠다는 지적이 이미 많은 상황에서 충분히 나올 만한 대책이었습니다.

하지만 서울시의 발표는 정작 반지하 집에 사는 사람들에게 환영받지 못했습니다. 당장 "그럼 어디 가서 살라는 말이냐"는 비판이 나왔습니다(유엄식 외 2022). 반지하 집이 20만 호면 서울 전체 가구 약 400만 호의 5퍼센트에 달했으니, 적지 않은 사람이 동요하면서 파장은 커졌습니다.

사실 당시 비극을 맞은 그 가정은 우리 도시에 반지하가 존재할 수밖에 없는 이유를 잘 보여줬습니다. 반지하이지만 도심에 있고, 반지하이지만 자녀에게 따로 방을 줄 수 있을 정도로 넓고, 반지하이지만 세 들어 살지 않고 저렴하게 구입한 '내 집'에서 어느 정도 안정적으로 살 수 있었습니다. 그 가정의 처지에서는 서울을 벗어나 있거나, 비좁거나, 잊을 만하면

---

* 1984년 건축법 개정을 가리킨다. 이전에는 한 층 높이의 3분의 2가 지표면 아래 묻혀야지 지하층으로 인정했지만, 2분의 1만 묻혀도 지하층으로 인정하는 것으로 바꿨다. 지하층에서 지표면 위로 드러난 부분이 커지자 창을 더 크게 낼 수 있게 되었고, 채광·환기가 어느 정도 개선되었다. 이 영향으로 반지하 주택 건설량이 1981~1985년 8550호에서 1986~1990년 4만4006호, 1991~1995년 7만6424호로 크게 늘었다(서울연구원 2022).

임대차 계약을 새로 맺어야 하는 집들과 비교해서 내린 매우 합리적이고 경제적인 결정. 아주 고심한 끝에 내린 결정이었을 겁니다. 같은 비용을 들여 방 개수도 크기도 같은 집을 지상에서 구할 수 있다면 빛도 바람도 제대로 들지 않는 반지하에 살고 싶은 사람이 누가 있을까요.

서울의 지하 자가가구 주택 평균 가격은 1억 3821만 원. 지하 전세가구 평균 보증금은 6527만 원입니다. 이는 서울의 자가가구 주택 평균 가격 6억 8575만 원. 전세가구 평균 보증금 2억 3835만 원의 3분의 1 수준입니다(최은영 2022).

> 도림천 근처는 저지대라 수해에 취약한 지역이었지만 이들에게 '반지하'는 위험이 아니라 적은 돈으로 방 세 칸을 마련할 기회로 보였다고 한다. 게다가 큰딸이 다닐 수 있는 복지관이 가까웠다.
>
> _ 이수민, 「"엄마 문 안열려" 이게 마지막이었다…신림 반지하 비극」, 『중앙일보』, 2022년 8월 10일자

이러한 맥락을 다 제거하고 서울시가 덜렁 "반지하를 없애자"라고 선언했으니, 반지하에 사는 사람들이 반발하는 것도 당연합니다. 원희룡 국토교통부 장관까지 나서서 SNS에 글을

쓰며 서울시에 공개적으로 쓴소리를 했습니다.

"반지하도 사람이 사는 곳입니다. 반지하를 없애면, 그분들은 어디로 가야 합니까?"

참사를 당한 가정의 처지에서 보면 이러한 질문이 될 겁니다.

"지금 우리가 가진 돈으로 도심에 있으면서 이만큼 넓고 자가로 안정적으로 거주할 수 있는 집이 어디에 있습니까?"

원희룡 장관은 같은 글에서 이러한 이야기도 했습니다.

"산동네, 달동네를 없애는 바람에 많은 분이 반지하로 이사 갈 수밖에 없었던 과거를 되풀이할 수는 없습니다."

달동네를 없애는 재개발 때문에 반지하로 내몰리는 사람들이 생겼다는 말입니다. 뉴타운을 연구했던 사람들이 재개발 후 반지하 거주 원주민이 늘었다는 사실을 발견했는데, 원희룡 장관이 같은 이야기를 한 것입니다. 이렇게 의심하는 이유가 있습니다. 이른바 '지옥고', 즉 지하방(반지하), 옥탑방, 고시원*이 2010~2015년에 크게 늘었기 때문입니다.

지옥고는 2005~2010년 약 69만 가구를 유지하다가 2015

---

* 지하방과 옥탑방은 행정적으로 주택으로 분류한다. 고시원은 여관, 쪽방, 비닐하우스, 컨테이너 등과 같은 '주택 이외의 거처'에 속한다. '지옥고'의 고, 즉 고시원은 주택 이외의 거처를 모두 아우르는 말로 쓰인다.

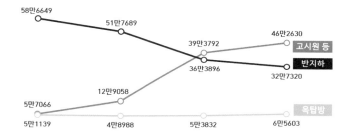

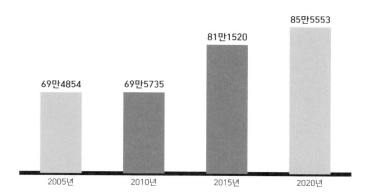

2005~2020년 반지하, 옥탑방, 고시원 등 주택 이외의 거처 증감 추이를 각각 나타낸 그래프.

년 약 81만 가구로 급증했습니다. 특히 고시원 등 주택 이외의 거처(비적정 주거) 증가세가 가파른데 2005년에는 6만 가구가 채 안 되었지만. 2010년 12만 가구로, 2015년 39만 가구로 5년마다 2~3배씩 뛰었습니다. 반지하는 2005년 58만 가구에서 2015년 36만 가구로 감소했지만. 고시원 등 주택 이외의 거처가 이를 상쇄하고도 남을 만큼 늘었습니다(최은영 앞의 글). 2000년대 들어 한 세대에 필요한 주차 공간을 늘려 반지하 대신 주차장을 만들 수밖에 없도록 제도를 바꾸면서 반지하가 줄어드는 계기가 마련되었는데, 이를 훨씬 뛰어넘는 다른 힘이 작용한 셈입니다.*

그 힘은 지옥고가 급증한 시기인 '2010~2015년'에서 유추해 볼 수 있습니다. 뉴타운이라는 이름으로 재개발 사업이 수도권을 휩쓴 다음, 그 여파로 전세대란이 일어났던 시기와 일치합니다. 산기슭에 집들이 다닥다닥 붙은 달동네를 싹 밀고 뉴타운을 만들었으니 그곳에 복작복작 살던 사람들이 대체

---

* 2000년 주차장법을 개정해 주차장 설치 기준을 세대당 '0.7대 이상'에서 '1.0대 이상'으로 강화했다. 또, 건축법을 개정해 주택 1층을 주차장으로 쓰도록 필로티 구조(기둥만 있고 벽이 없는 구조)를 만든 경우, 1층은 건물 연면적에서 빼고 1개 층을 더 높게 지을 수 있게 했다. 이렇게 해서 한 세대 당 필요한 주차공간이 늘어난 데다, 전체 세대수에 변함없이 주차장을 확보할 수 있게 되면서 1층 혹은 반지하층을 만들 유인이 사라졌다.

어디로 갔을까요? 재개발 후 원주민 재정착률이 20퍼센트나 되면 다행인 도시, 또 새로 건설하는 주택의 20퍼센트만 임대주택으로 공급하는 도시에서 말입니다. 결국 도심 틈새에 이끼처럼 번식한 고시원 같은 비적정 주거를 찾을 수밖에 없었습니다.

물론 '달동네 재개발 때문에 반지하가 늘었다'라는 말은 사실이 아닐 수도 있습니다. 재개발 후 이주 경로를 하나하나 따져본 적은 없으니 시기상, 정황상으로 추정할 뿐입니다. 다만 반지하 같은 열악한 주거가 생겨날 수밖에 없는 맥락만큼은 분명하게 짚었다고 봐야 합니다. 당시 반지하 논쟁을 벌인 오세훈 서울시장과 원희룡 장관은 모두 법조인 출신인데, 그들이 사법고시 공부를 할 때만 해도 고시원이 지금처럼 가장 가난한 사람들의 집이 될 줄 누가 알았을까요. 비적정 주거는 그나마 집의 모양을 갖춘 산동네, 달동네를 없애는 이 도시에서 악착같이 남기 위한 유일한 선택지였습니다.

고시원이라는 합리적 선택

우리는 그런 삶을 '종로 고시원 참사'에서도 목격했습니다. 신림동 반지하 참사처럼 비적정 주거에서 일어난 또 다른 비극입니다.

2018년 11월 9일 새벽 5시쯤, 서울 청계천 근처에 있는 국일고시원에서 불이 나 7명이 죽고 11명이 다쳤습니다. 사상자는 역시 고시생이 아니라 이곳을 집처럼 여기고 살아온 사람들이었습니다. 건설 현장에서 일하는 일용직 노동자가 많았다고 합니다. 그들이 하루아침에 집을 잃었습니다. 이 사건 또한 시민들에게 큰 충격을 주었습니다. 정부는 서둘러 대책을 마련했습니다. 고시원에서 살아남은 32명에게 서울 은평구와 강북구 등에 있는 공공임대주택을 제공하기로 한 것입니다.

그런데 국일고시원 이야기는 '나중에 새집에 들어가서 오래오래 행복하게 살았다'로 끝나지 않았습니다. 당시 실제로 입주한 사람은 10명에 그쳤고, 나머지는 그냥 다른 곳으로 뿔뿔이 흩어졌다고 합니다(손덕호·김우영 2018). 그들의 행적을 일일이 추적하는 건 어렵지만, 다른 고시원이나 여관 등 저렴하게 오래 지낼 수 있는 곳으로 옮겨갔으리라 추정할 수 있습니다.

> 국일고시원 거주자 대다수는 40~60대 일용직 근로자인 것으로 알려졌다. 정부가 이재민에게 제시한 임대주택은 '인력 시장'과 거리가 떨어진 은평구, 성북구, 중랑구 등에 집중되어 있다. 국일고시원 입주자들은 종로, 서울역의 인력 사무

소에 나가기 위해 대부분 새벽 4시에 일어난다. 은평, 중랑, 성북 등지에서 인력사무소까지 가려면 새벽 첫 차를 타고 30분 이상 와야 한다. 월 10만 원 안팎의 적지 않은 교통비가 드는 데다, 자칫 늦으면 일감을 구하지 못할 우려도 있다.

_손덕호·김우영, 「공무원 탁상공론이 빚은 '그림의 떡', 일용직 노동자들은 외면했다」, 『조선일보』, 2018년 11월 27일자

국일고시원 이야기는 형편이 넉넉하지 않은 사람일수록 도시에서 접근성 문제가 더 중요하다는 사실을 보여줍니다. 가난은 버스를 한 번 탈 때 요금 100~200원을 더 내느냐 마느냐에 그 누구보다 민감한 것이기 때문입니다. 도시 외곽으로 가면 조금 더 넓은 방을 구할 수 있어도 국일고시원 사람들이나 신림동 반지하 가족처럼 굳이 도심에 있는 고시원과 여관, 반지하를 찾는 사람들이 있습니다. 행당동 노인도 익숙한 일거리인 폐지 수거에 최적화된 집을 도시에서 찾았습니다.

어쩌면 우리는 도시에서 산동네, 달동네가 흉물스럽다며 파괴한 결과, 도시 구석구석으로 침투한 반지하, 옥탑방, 고시원을 걱정하게 되었는지도 모릅니다. 요즘에도 창신동에 가면 방 두 칸에 보증금 300만~500만 원에 월세 30만~40만 원인 집을 구할 수 있습니다. 산동네를 밀어 모두 아파트로

만들면, 3~4인 가족이 이런 가격에 집을 구할 수 있을까요? 면세점 판매노동자도, 일용직 건설노동자도, 폐지 수거 노인도 모두 일하고 가족을 돌보기 위해 도시에 살 필요가 있었습니다. 그런 사람들이 살 만한 집을 자꾸 도시에서 내몬 것은 아닌지, 그래서 사람이 살면 안 된다고 생각하는 곳으로 그들을 내몬 것은 아닌지, 한번 되짚어봐야 합니다.

현실의
'홍반장'을 찾아서

낡고 불편한 동네는 낡고 불편하다는 바로 그 이유로 저렴합니다. 그런 곳을 무분별하게 개발하는 건 어떤 사람들이 간절하게 찾는 집을 없애는 일입니다. 그래서 이들과 이들의 노동력이 필요한 도시와의 거리가 멀어지고, 한 동네에 모여 사는 사람들끼리 자원을 주고받으며 이뤘던 공동체 역시 무너집니다. 일단의 건축가들이 추진한 백사마을 주거지보전사업에서 바로 이 공동체를 어떻게 지켜내고 이어가려고 했는지 살펴봤습니다. 이번에는 공동체에 관한 이야기를 하고자 합니다.

옆집에 누가 사는지도 모르고 어쩌다가 마주쳐도 데면데면한 요즘, 공동체는 뭔가 실체가 없는 막연한 개념으로 느껴지기도 합니다. 또, 개인주의와 익명성이 지배하는 사회에서 공동체는 너무 이상적이고 실재하지 않는 관념으로 보일 뿐만 아니라, 심지어 '공동체주의'를 추구하는 것은 개개인의 권리를 제약하거나 침해해 오히려 해롭다고 인식하는 측면도 있습니다. '프라이버시', 즉 사생활의 적으로 여기고 적극적으로 배척하며, 백사마을 같은 공동체는 몹시 가난했던 시절의 옛날이야기일 뿐이라고 치부하는 사람도 많습니다.

공동체에 대한 이러한 상반된 관점은 2021년 8~10월 방영한 tvN 드라마 「갯마을 차차차」에서 잘 드러났습니다. 이 드라마는 '공진'이라는 가상의 어촌을 배경으로 정말 공동체가 살아 있는 마을을 그리고 싶었던 것 같습니다. 제작진은 공진을 '짠내 사람 내음 가득한 바닷마을'이라고 소개합니다.

공진은 이곳에 우연히 흘러들게 된 치과의사 윤혜진(배우 신민아)이 살았던 도시와 달리 이웃 관계가 끈끈해 서로 간섭하는 걸 오히려 미덕으로 여기는 곳으로 묘사됩니다. 이웃집에 숟가락이 몇 개 있는지도 다 안다는 옛말처럼 공진에서는 비밀도 없습니다. 윤혜진은 공진으로 이주한 초기에 이러한 풍습에 적응하지 못하고 동네 사람들과 갈등합니다. 어렸을 때부터 공진 토박이 할머니들의 손에 자란 홍반장(배우 김선호)은 이러한 윤혜진을 이해하지 못하고 질타하고요.

공진 사람들의 관계를 두고 제작진처럼 이웃의 정, 사람 냄새가 살아 있는 마을 공동체를 잘 그렸다고 치켜세우는 시각이 있지만, 이에 반대하는 의견도 적지 않습니다. 윤혜진이 동네 조깅을 할 때 입는 몸매 드러나는 레깅스나 연애 관계를 두고 단톡방에서 쑥덕대는 공진 사람들의 행위를 사생활 침해, 나아가 '가스라이팅이 별건가? 이런 게 가스라이팅이다'라고 비판하는 의견도 있습니다(이진송 2021). 이렇듯 오늘날 '공동체'라는 단어를 마냥 긍정하기에는 한동네에 사는 사람과 사람 사이의 관계에 대해 아주 다양한 관점이 존재합니다.

하지만 현대에도 '최소한의 공동체'는 필요합니다. 공동체가 아예 없는 삶을 상상해보면 그렇습니다. 드라마가 긍정하는 끈끈한 정情 같은 개념은 접어두더라도, 사람이 살아가는 데 꼭 필요하지만 혼자서는 온전히 감당하기 어려운 안전이나 복지 같은 영역이 있기 때문입니다. 제도가 아무리 잘 갖춰져 있더라도 사람 없이는 작동할 수 없습니다. 그리고 잘 만든 제도에도 항상 빈틈은 있기 마련입니다. 결국 사람이 움직이고 사람이 메워야 하는 영역이 존재합니다. 누군가에게는 불필요해 보이는 '간섭'이 어느 순간에는, 어느 누군가에게는 절실하게 필요한 '관심'이 될 수도 있습니다. 그 관심이 체계적으로 잘 조직되면 공동체를 지키는 '사회안전망'으로 발전합니다.

제가 예전에 만났던 50대 한 분을 자세히 소개하는 것으로, 도시에 여전히 필요한 사람과 사람 사이의 연결, 공동체에 관해 이야기해보겠습니다. 이제 '김씨'라고 부를 그는 마치 「갯마을 차차차」의 홍반장 같은 인물로 제 기억에 남아 있습니다.

다산동의 골목대장들

김씨를 만난 곳은 서울 남산 자락에 자리한 다산동입니다. 산 능선에 우뚝 선 최고급 호텔에서 굽어보이는 동네입니다. 호텔과 동네 사이에는 한양도성 성곽길이 지나는데, 조선 태조부터 순조까지 다양한 시기에 각각 다른 방식으로 축조한 성곽을 볼 수 있습니다. 성곽이 매우 잘 보존된 구간이어서 빼놓을 수 없는 순성 코스로 꼽힙니다.

  똑같이 한양도성 아래 매인 동네인 창신동처럼 다산동에도 3~4층짜리 저층 주택이 빼곡하게 들어서 있습니다. 동네를 오르는 길이 얼마나 가파른지, 여기에서 만난 어떤 주민은 그 경사가 70도는 된다고 생각했습니다. 물론 과장이 섞인 말입니다. 실제 그 정도 비탈을 오르려면 두 발로 제대로 걷지도 못하고 네 발로 엉금엉금 기어가야 할 테니까요. 다만 '70도'는 주민들이 얼마나 다산동의 주거 환경이 열악하다고 느끼는지 보여주는 척도라고 할 수 있습니다. 이 동네를 다니다 보면 대체 아이나 노인, 장애인은 어떻게 살라고 이렇게 길을 낸 것인지 이해할 수 없을 때가 많습니다. 몸이 불편한 데가

다산동은 남산에 우뚝선 최고급 호텔에서 굽어보이는 동네다.

다산동에는 골목 경사가 60~70도라고 말하는 주민이 있을 정도로 가파른 산자락에 집이 들어차 있다.
골목대장의 활약과 주민들의 참여로 깨끗해진 골목.

하나 없는 사람도 숨을 헉헉대며 등산하듯 오를 수밖에 없는 곳이 다산동입니다.

김씨는 다산동에서 1986년부터 40년 가까이 살았다고 합니다. 다산동에 처음 이사한 날짜 '3월 9일'까지 정확히 기억하고, 김재규 전 중앙정보부장(지금의 국가정보원장) 등 한때 다산동 주민이었던 유명 인사의 이름까지 줄줄 욀 정도로 동네에 애착이 강한 주민입니다. 그는 창신동에서 유년 시절을 보냈고, 경북 영주에서 철도노동자로 일하다가 다시 상경, 동대문 평화시장의 의류업에 뛰어들면서 다산동에 정착했습니다. 그 시절 다산동은 김씨의 말로는 "퐁당퐁당 소리 나는 '푸세식(재래식)' 화장실"이 즐비한 곳이었습니다. 다산동의 변천사를 이 정도 지켜봤으면 거의 토박이나 다름없다고 하겠습니다. 김씨는 이 동네 기초의원 선거에 2010년, 2014년, 2018년 세 번 도전해 실패한 적이 있습니다. 가장 최근 선거에서 그는 다산동에서 10퍼센트 이상 득표율을 올릴 정도로, 동네에 뿌리를 깊게 내리고 있습니다.

어느 한여름 날 김씨를 따라다니며 다산동을 구석구석 둘러봤는데, 그는 이쯤 되는 경사는 아무것도 아니라는 듯 온 동네를 누볐습니다. 김씨는 산 능선에서 흘러내려 풀뿌리처럼 뻗어나간 이 동네의 모든 길을 내비게이션처럼 다 꿰고 있었습니다. 가끔은 뒤에 있다가도 "벌써 지치면 안 되는데?"라며

놀리듯 저 멀리 앞질러 나갔습니다. 한낮 기온이 섭씨 35도에 이른 여름날 깎아지른 듯한 비탈을 마치 평지인 양 걷는 그 모습이 신묘해 보일 지경이었습니다.

김씨는 이 가파른 동네를 오전에 한 번 오후에 한 번, 이렇게 하루 두 번씩 매일같이 오르내린다고 했습니다. 그는 다산동 아래쪽 건물 지하에서 작은 봉제공장을 운영하는 소상공인이지만, 동주민센터에서 임시로 작은 직책을 하나 맡아 '투잡'을 뛰었습니다.* 하루 두 번의 동네 순회는 그 직책을 수행하기 위한 일이었고, 그의 표현을 빌리면 "두 다리에 5단 기어를 넣고서" 비탈과 계단이 어지럽게 얽힌 다산동 골목을 샅샅이 훑었습니다. 김씨는 이 일을 '순찰'이라고 불렀습니다.

김씨가 이렇게 마을을 돌아다니며 한 일이 있습니다. 우습게 들릴 수도 있겠는데, 주민들이 많이 다니는 길목마다 '골목대장'을 임명하는 것이었습니다. 말이 임명이지, 실은 "형님, 여기 오래 사셨으니 이 근방을 좀 책임져주쇼"라며 읍소하는 일에 가까웠습니다. 다 큰 어른들이 웬 골목대장 놀이일까요?

골목대장의 임무는 청소와 약간의 '잔소리'입니다. 누군가

---

* 서울 중구는 2021년부터 각 동주민센터에 '우리동네 관리사무소'라는 조직을 신설하고, 지역 주민을 실무자로 채용했다. 김씨는 다산동 우리동네 관리사무소 현장지원팀장이었다.

가 휙 버린 담배꽁초를 줍는가 하면, 쓰레기봉투를 아무렇게나 툭 던져놓고 가는 주민에게 올바른 배출법과 배출 시간을 알려주는 겁니다. 김씨가 임명한 골목대장 중에는 60대 동네 슈퍼마켓 주인도 있고, 동네 주부들의 맏언니 노릇을 하는 70대도 있습니다. 다산동 주민들이 지하철 버티고개역으로 가면서 지나는 골목에 사는 한 80대 할머니도 그가 맡긴 임무를 거절하지 않았는데, 알고 보니 이 할머니는 골목대장 놀이의 시초였습니다. 할머니는 집에 있는 시간보다 골목에 나와서 누가 쓰레기를 아무 데나 버리지 않는지 감시하는 시간이 더 많았습니다. 집 앞에 놓인 의자에 앉아 지나는 사람들을 지켜보다가 담배꽁초라도 떨구면 기다렸다는 듯 달려가 줍고는 끌끌 혀를 차는 게 일과였습니다. 이 할머니를 인상 깊게 본 김씨가 이러한 '골목대장 체제'를 구상한 겁니다.

이러한 조직이 필요하다고 판단한 건 다산동의 심각한 쓰레기 문제 때문이었습니다. 가파른 데다가 비좁고 후미진 골목이 많다보니 청소차가 들어가지 못해 집 앞 쓰레기가 제때 수거되지 않는 날이 많았습니다. 아침에 내놓은 쓰레기가 청소차가 들르는 밤까지 종일 냄새를 풍기자 집에서 멀리 떨어진 곳에 쓰레기를 슬쩍 버리는 사람이 점점 늘었습니다. 자연히 사람들이 많이 오가는 길목에 쓰레기가 산더미를 이루기 시작했습니다. 안 그래도 골목이 복잡한 다산동에 쓰레기 산이 여기저기 생겨났고, 그 근처에 사는 주민들은 고통은 점점 커졌습니다. 배출법만 잘 알면 될 일인데, '내 집 앞만 아니면 괜찮다'라는 생각과 무관심이 동네 전체를 망치고 있었습니다.

보다 못해 김씨처럼 동네에 오래 산 사람들이 머리를 맞댔습니다. 직접 나서서 쓰레기를 수거하고 골목을 청소하고 이런저런 시도를 해본 결과, 궁극적으로는 동네에 '감시자'가 필요하다는 결론에 다다랐습니다. 사후 단속이나 가능한 CCTV가 아닌 수시로 동네를 살필 수 있는 진짜 사람의 눈이 필요했고, 김씨처럼 자발적으로 청소를 하던 주민들이 동네를 더 낫게 만들기 위해 자신의 시간을 기꺼이 내기로 했습니다. 동주민센터는 안 그래도 쓰레기 민원으로 골치를 앓던 차에 먼저 나선 주민들에게 청소 용품과 비용을 지원하기로 했습니다. 스스로 동네 문제를 해결하겠다는 주민 모임의 결성, 이렇게 다산동 골목대장이 탄생했습니다.

효과는 금방 나타났습니다. 한 동네 이웃인 골목대장들의 활약상이 주민들 마음속에 잠재되어 있던 관심, 책임감, 애정 같은 것을 일깨운 것입니다. 다산동은 몰라보게 깨끗해졌습니다. 나중에 골목 청소와 감시 활동에 참여하게 된 한 주민은 "누군가 청소를 하고 있으면 처음에는 살짝 미안해하면서 그냥 지나쳤다가도, 두 번째 보면 인사라도 한마디씩 나누게 되고, 나중에는 '쉬는 날 나도 한번 같이 해볼까?' 이렇게 생각하게 되더라"라고 말했습니다. CCTV는 절대 할 수 없는 일, 얼굴과 얼굴을 맞대야만 가능한 일입니다. 마치 누구 하나 나서기를 기다렸던 사람들처럼 골목대장과 대원들이 서른 명 넘게 모였습니다.

'사람'으로 만든 사회안전망

다산동 사람들이 골목에 떨어진 쓰레기에 눈을 부릅뜨자, 그동안 보이지 않던 다른 것들도 눈에 들어오기 시작했습니다. 골목에는 맞붙은 집이 있고, 그 집에는 사람이 삽니다. 내 집 앞의 골목에 관심을 기울인다는 것은 곧 그 주변에 사는 사람들에게 관심을 기울이는 일이 됩니다. 주민들에게 먼저 다가가는 골목대장에게 마을의 세세한 이야기들이 모여들기 시작했고, 한겨울 어느 노인 부부가 사는 집 보일러가 갑자기 고장 났는데 고칠 방도를 몰라 냉골 같은 방에서 며칠 밤을 지새우게 되었다는 둥 이야기가 골목을 타고 퍼져 김씨의 귀에 들어오곤 했습니다. 그럼 김씨는 동주민센터에 연락해 이 부부를 도울 방법을 찾았습니다.

내친김에 김씨는 동주민센터에서 받은 기초생활수급자 등 취약계층 명단을 들고 한 집씩 집중 점검을 다녔습니다. 다산동은 2020년 기준 독거노인, 장애인, 외국인 등의 주민 비율이 서울 전체 평균치를 웃도는 곳입니다(김유리 2021). 자칫 소외되기 쉬운 이웃이 많다는 이야기입니다. 찬바람이 들이치는 집에는 '뽁뽁이'나 문풍지를 바르고, 바퀴벌레가 들끓는 집에는 소독약을 뿌렸습니다. 뭐 대단한 일이냐고 반문할 수도 있지만, 아무리 주민과 밀착한 동주민센터라도 이러한 일까지는 보통 하지 않습니다.

게다가 딱히 공적 예산이 드는 일도 아니어서 동주민센터가 마다할 이유는 없습니다. 김씨는 자율방범대, 바르게살기운동협의회, 상가번영회, 신당봉사회 같은 주민단체에서 활동하며 동네 인맥을 두텁게 쌓았습니다. 그가 "깨복쟁이(옷을 다 벗고도 부끄러운 줄 모르고 함께 자란 허물없는 친구)"라고 하는 친구를 부르거나 한 다리만 건너면, 얼마든지 취약계층에 필요한 자원을 연결해줄 수 있었습니다. 형광등 장치가 고장났지만, 돈이 아까워 갈지 않고 어두침침하게 살고 있던 노인의 집은 김씨가 '형님'이라고 부르는 설비업체 업주를 불러 손봤습니다. 동네 안전도 지켰습니다. 큰비가 오면 자칫 무너질 것 같은 석축은 구청이 나서서 보수해줄 때까지 '120'(서울특별시민원상담소)에 전화를 걸었고, 아직 '퐁당퐁당 화장실'이 남아 있을 정도로 열악한 곳에는 화재에 대비해 소화설비를 갖추도록 주선했습니다. 저녁에 집에 가는 길에는 불이 안 들어오는 가로등이 있는지 살펴봤습니다. 김씨는 관청에서 보면 민원꾼이었지만, 동네에서 보면 파수꾼이었습니다.

김씨 같은 인물이 동네에 한 명 있으면 동주민센터 같은 행정기관에도 큰 힘이 됩니다. 김씨는 동주민센터 임시직을 맡아 한 달에 230만 원 정도를 받았는데, 그가 기관과 주민 사이에서 수행한 역할을 생각하면 꽤 괜찮은 '투자'입니다. 관의 손이 일일이 닿지 못하는 곳을 김씨가 대신 돌본 셈이니까요. 아무리 친절한 행정과 꼼꼼한 복지 제도가 존재해도 그 제도에 접근하기조차 어려운 사람들, 즉 사각지대는 늘 있기 마련입니다.

앞집에, 옆집에 누가 사는지도 모르는 사회가 되면서 이 문제는 더욱 심각하게 나타나고 있습니다. 2022년 8월, 경기도 수원에서 죽은 지 한 달 만에 발견된 세 모녀는 등록된 주소 등 행정 데이터만으로는 파악할 수 없는 사각지대 문제를 드러냈습니다. 이 가족은 실거주지인 경기도 수원에 전입신고를 하지 않은 상태였습니다. 건강보험료를 오랫동안 내지 않고 있었지만, 체납 사실은 주민등록상 주소지인 경기도 화성에만 통보되어 그 존재를 아무도 파악하지 못했습니다(김태희 2022). 이른바 '수원 세 모녀' 사건은 그렇게 그림자처럼 살아가는 존재를 일깨워 이 사회에 충격을 주었습니다. 비슷한 사건들이 잊을 만하면 '두 모녀' '세 모녀'라는 이름으로 반복되고 있습니다.

다산동 '골목대장'이 감시하는 골목을 표시한 지도(2021년 8월 기준)

혹시 김씨와 골목대장들처럼 동네 곳곳에 눈을 뜨고 귀를 열고 다니는 이웃들이 있었더라면 어땠을까요. 하다못해 통 반장들이라도 발품을 팔아 소식을 듣고 다녔다면요. 각종 고지서가 가득 들어찬 우편함, 오랫동안 돌아가지 않는 계량기, 문 앞에 덩그러니 방치된 택배 상자……. 이러한 위기 신호는 누구나 조금만 관심을 기울이면 포착할 수 있지만, 우리는 애써 모른 척하며 지나치기 일쑤입니다. 전신주마다 설치한 CCTV로도 수원 세 모녀의 존재는 감지할 수 없습니다.

동네의 사각지대를 메울 가능성, 사회안전망으로서의 잠재력은 김씨 같은 인물들이 엮어내는 진짜 사람과 사람 사이의 관계에 있습니다. 그것이 때로는 「갯마을 차차차」에 나오는 공진 사람들의 수군거림처럼 개인을 귀찮고 피곤하게 만들 수도 있겠지만, 그렇게 오가는 말 속에 누군가 조용하게 보내는 위기 신호가 담길 수도 있습니다.

무슨 거창한 정책이나 지원이 필요한 게 아닙니다. 내가 사는 동네를 낫게 만들고 싶은 마음이 남들보다 조금 더 큰 주민 몇몇이 나서고 뭉치는 것만으로 충분합니다. '홍반장'은 드라마에만 존재하는 인물이 아닙니다. 김씨와 같은 다산동 골목대장이 현실의 홍반장입니다.

사람이
스무 살에
죽는다면

김씨처럼 내가 사는 동네를 조금이라도 더 낫게 만들려는 사람들은 어디에나 있습니다. 주민자치회나 입주자대표회의 같은 동네 조직은 스스로 열성적으로 참여하는 주민 없이는 굴러가지 않습니다. 그 관심과 애정은 어디에서 나오는 걸까요?

저마다 다른 여러 이유가 있겠으나, 대부분 분명하게 드러나는 공통된 사실이 있습니다. 그들은 그 동네에서 오래 살았으며, 앞으로도 오래 살 것이라고 믿는 사람들이라는 점입니다. 김씨를 비롯한 다산동의 골목대장들이 대체로 60~80대로 나이가 지긋하며, 이들이 다산동에 거주한 기간이 최소 20년에서 40~50년 등 평생에 이른다는 점에서도 알 수 있습니다. 한 장소에서 오랜 세월 축적된 애정은 김씨 같은 사람들로 하여금 "젊은 사람들이 떠나는 동네가 아니라 다시 찾아오는 동네로 만들고 싶다는 욕심"을 내게 합니다.

마을이 요절하는 사회

그런데 한동네에서 오래 산 사람들이 무언가 해보자고 힘을 모은다는 건 생각만큼 쉬운 일이 아닙니다. 내가 사는 동네에 대한 애정은 그곳에 산 시간만큼 커지기 마련인데, 우리 사회는 그리 긴 시간을 좀체 허락하지 않습니다. 유년, 장년, 중년, 노년을 거치는 생애주기 동안 함께 나이를 먹는 동네는 고사하고, 딱 20년만 지나도 사실상 '사망 선고'를 내려버립니다.

예를 들어 다산동에는 법적으로 노후·불량 건축물이 70퍼센트가 넘는다고 합니다(김유리 앞의 글). 여기에서 '노후·불량'의 기준은 무엇일까요? 재개발의 근간이 되는 법령 '도시 및 주거환경정비법' 시행령은 그 기준을 20년이라고 제시합니다. 어떤 지역이 재개발해야 할 만큼 노후한지 평가할 때는 그 지역에 20년 이상 된 건축물이 3분의 2 이상 있는지를 따져봅니다. 우리가 사는 집은 정말 20년이 넘으면 '노후'하고 '불량'해지는 걸까요? 그렇다고 하기에는 100년이 넘어도 구조적으로 전혀 문제가 없는 건물을 많이 볼 수 있습니다. 하지만 법적 기준은 20년이라는 시간만 허락합니다.

아파트도 크게 다르지 않습니다. 100~200년은 거뜬히 버틴다는 단단한 철근콘크리트로 지었건만, 30년이 넘으면 재건축할 시기가 도래했다고 봅니다. 심지어 분당, 일산, 평촌, 산본, 중동 등 1기 신도시는 1989~1996년 조성한 아파트촌이지만, 정부가 2023년 현재 아직 30년이 채 안 된 아파트 단지를 재건축할 수 있도록 노후도 기준 연한을 20년으로 앞당기려고 합니다(국토교통부 2023).

그래서 다산동처럼 20~30년을 넘긴 동네는 어디든 재개발을 추동하는 사람들이 나타나면서 들썩이기 일쑤이며, 그 순간부터 그 동네는 언제 헐릴지 모르는 대상으로 낙인찍혀 눈에 띄게 쇠퇴하기 시작합니다. 미래를 전혀 내다볼 수 없는 동네라는 인식 때문에 세를 들거나 가게를 열려는 사람들이 도통 유입되지 않고, 원래 살던 사람들마저 떠나버립니다.

그런 동네에서는 자기 돈을 들여서 집을 수리하거나 새로 짓는 행위가 오히려 '알박기'라고 비난받기도 합니다. 우리 동네는 후졌다, 냄새난다, 위험하다, 이렇게 끊임없이 스스로 비하하며 동네가 더더욱 나빠지도록 아무것도 하지 말고 내버려둬야 합니다. 그래야 재개발, 재건축을 할 수 있다고 믿으니까요. 우리는 내가 사는 아파트가 안전진단 A~E 등급 중 낮은 등급인 D 혹은 E 판정을 받으면 '경축'이라고 적힌 커다란 현수막을 내거는 나라에 살고 있습니다.* 사람은 스무 살이 되면 부모에게서 독립해 새로운 삶을 준비하는 출발선에 서는데, 사람이 사는 동네는 그 순간부터 죽음을 생각합니다.

다산동 김씨가 재개발을 원하는지 그렇지 않은지는 알지 못합니다. 다만 그도 다산동에 집을 갖고 있어서 재개발하면 적지 않은 이득을 볼 수 있을 겁니다. 그렇지만 김씨는 지금도 다산동 골목상권 내 전선 지중화, 한양도성 주변 산책로 활성화 등 동네를 조금이라도 개선할 방안을 고민합니다. 그는 이렇게 말했습니다.

"재개발이 언제 될지 알 수 없지만, 지금도 주민들이 조금만 신경 쓰면 바꿀 수 있는 게 많아요."

불행하게도 김씨와 같은 주민들의 관심과 헌신, 잠재력을 말살하는 건 다름이 아니라 우리가 만든 제도입니다. 20~30년마다 부수고 다시 세우고, 그러고 나면 원주민이 20퍼센트도 남지 않는 동네에서는 골목대장이 결코 나올 수 없습니다. 재개발은 집과 땅의 모양뿐만 아니라 살던 사람들까지 통째로 들어냅니다.

---

* '시설물의 안전 및 유지관리에 관한 특별법' 시행령에 따르면, 시설물 안전등급 중 D는 '사용제한 여부를 결정하여야 하는 상태', E는 '즉각 사용을 금지하고 보강 또는 개축을 하여야 하는 상태'다.

어쩌면 누군가에게는 동네 주민 몇몇이 골목을 가꾸는 모습이 시시해 보일지도 모르겠습니다. 하지만 '오래된 동네'의 '오래된 사람들'의 가능성을 절대 과소평가해서는 안 됩니다. 그들은 동네에 가장 절실하게 필요한 일이 무엇인지 누구보다 잘 알며, 그런 일을 할 수 있는 시간과 재원 등 여건을 제공하면 누구보다 헌신적으로 뛰어들 동기를 지닌 사람들입니다. 다산동에서 김씨를 중심으로 골목을 청소하는 골목대장 체제를 조직했다면, 동작구 상도4동에서는 주민들을 협동조합으로 조직해서 동네 건물 청소를 사업으로 발전시키기도 했습니다. 이러한 주민 사업체를 '마을기업' 또는 '마을관리사회적협동조합'이라고 부르며, 2018년부터 정부가 설립을 지원해 현재 전국 176개 협동조합이 활동 중입니다.

처음에는 정부 혹은 지방자치단체가 지원한 시설과 예산을 밑천 삼아 주민들이 사업을 기획하고 실행하지만, 종국에는 주민 조합원들이 낸 출자금을 바탕으로 투자와 수익을 순환시키며 자립하는 걸 목표로 삼습니다. 사업 영역은 개척하기 나름입니다. 노후한 지역의 고질적 문제인 청소·집수리나 주민공동시설 관리에 참여할 수도 있고, 육아 등 돌봄노동을 제공할 수도 있습니다. 주민과 관광객을 맞는 식당·카페 같은 작은 가게를 열기도 하고, 공예 등 기술을 가진 주민이 다른 주민을 가르치는 문화센터를 운영할 수도 있습니다. 프랑스의 지역관리기업Régie de quartier이 본보기가 되어 국내에서도 비슷한 사업을 시도하고 있는데, 프랑스에는 지역관리기업 133개가 약 9000명을 고용한다고 합니다. 공적임대주택인 사회주택을 기반으로 두고 청소, 건물 관리, 녹지 관리, 공사 등의 사업을 수행하고 있습니다(국토교통부 2021). 동네를 누구보다 사랑하며 잘 아는 사람들이 발굴하고 구축한 사업체가 나중에 지역을 지탱할 든든한 산업이 될 수도 있습니다.

위험에 처한 산업 생태계

마을에는 시간이 필요합니다. 얼핏 시간은 마을을 쇠퇴시키는 듯 보이지만, 사실 그 안에서는 작지 않은 잠재력이 영글고 있습니다. 하지만 '20년'을 기준으로 삼는 제도는 마을에 그리 많은 시간을 주지 않습니다. 마을이 꽃을 피우기도 전에 뿌리를 들어냅니다. 심지어 이미 꽃을 피우고 열매까지 맺은 마을을 위협하기도 합니다. 재개발은 마을기업이 태동할 가능성을 없앨 뿐만 아니라, 현존하는 지역경제를 허물어버리기도 합니다.

아까 둘러본 창신동에는 서민들의 집뿐만 아니라 그들의 일터인 소규모 봉제공장이 빼곡합니다. 인접한 동대문 일대가 '패션타운'이라고 불리는 의류 유통·판매의 중심지라면, 창신

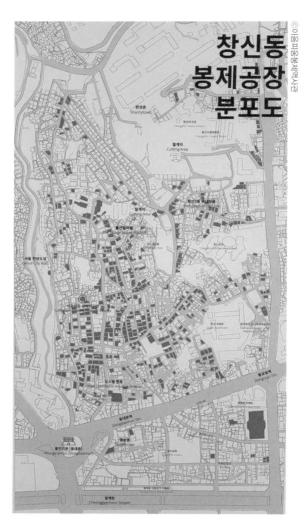

창신동 봉제공장 분포 현황(2021년 이음피움봉제역사관 내 촬영본).

이음피움봉제역사관(2023년 2월 폐쇄)

동은 이러한 동대문 의류업계의 하청을 담당하는 배후 생산 기지라고 할 수 있습니다.

동대문 일대는 1960년대부터 평화시장을 필두로 국내의 대표적인 의류 도매시장으로 자리 잡은 곳입니다. 지하철 2·4·5호선 환승역인 동대문역사문화공원역에서부터 굿모닝시티, APM쇼핑몰, 밀리오레, 두타몰 등 의류 도소매점이 밀집한 건물들이 차례로 들어서 그 명맥을 굳건히 유지하고 있습니다. 그 맞은편에는 2014년 동대문디자인플라자DDP가 문을 열어 국제적 패션쇼를 유치하고, 온라인 상거래를 위한 시설·기구 대여, 청년 디자이너를 위한 의류 제조 장비 제공 등 패션산업을 지원하는 거점이 되었습니다. 패션업계의 새로운 세대 역시 동대문으로 왔습니다. 현대아웃렛 건물에는 청년층에 인기가 높은 패션 브랜드 '무신사'가 청년 디자이너들을 위한 공유오피스를 세웠습니다. 동대문 의류업과 연결된 창신동의 역할은 그래서 여전히 중요합니다.

창신동에는 이런 말이 있습니다. "옷 하나 만들면 퀵이 15번 온다." 1970년대부터 봉제공장이 동대문과 가까운 창신동으로 하나둘씩 유입되기 시작했는데, 이들은 옷을 빠르게 생산하기 위해 공정별로 분업하는 소규모 가내수공업 형태를 갖추게 되었다고 합니다.

패턴(실제 옷 크기에 맞게 디자인대로 종이에 본뜨는 작업), 재단(옷 모양에 맞게 원단을 조각내거나 구멍을 뚫는 작업), 재봉(원단 조각을 조립해서 옷 모양을 갖추는 작업), 마도메(실밥을 처리하거나 손바느질로 안감·주머니·단추 등 부자재를 다는 작업), 시야게(다림질·포장 등 납품용 작업)를 각각 전문으로 담당하는 공장이 골목마다 포진하고 있습니다. 한창일 때는 3000여 개까지 되었다가 중국·동남아시아의 값싼 노동력에 밀려 서서히 줄었는데, 재개발 논의가 식은 직후인 2014년에 조사했을 때도 1000개가 넘었습니다(서울특별시 2015). 사실 간판도 없이 얼핏 일반 가정집 같아 보이는 공간에서 미싱 돌아가는 소리가 들리는 경우도 많아, 실제 봉제공장이 몇 개나 되는지 정확히 파악하는 건 불가능합니다. ○○사, ○○어패럴 등 고유의 이름을 적은 공장도 있지만, 그냥 미싱·시야게·숙녀복 토탈 등 맡은 공정과 전화번호만 내걸고 운영하는 공장도 적지 않습니다.

창신동 골목에서는 새벽부터 오토바이와 다마스(봉고차)가 달리는 소리가 끊이지 않습니다. 한 공장에서 작업을 마친 의류를 다른 공장으로 날라야 다음 공정을 진행할 수 있는데, 이 운반 작업을 퀵서비스 기사들이 맡는 것입니다. 동대문 종합시장에서 원단과 단추, 실, 자크(지퍼) 등 부속품을 날라오는 엔진 소리가 창신동의 아침을 엽니다. 점심 시간이 다가오면 봉제 노동자들이 주문한 식사를 나르는 오토바이들도 분주하게 골목을 누빕니다. '옷 한 벌에 퀵 15번'은 한동네 안에

창신동에서는 봉제공장을 오가는 퀵 오토바이 소리가 끊이지 않는다.

촘촘하게 얽힌 '산업 생태계'를 나타내는 말입니다.

생태계 안에서는 어느 것 하나 외따로 존재할 수 없습니다. '풀 – 메뚜기 – 쥐 – 올빼미'에서 하나를 들어내면 반드시 생태계는 이상 신호를 울립니다. 메뚜기가 사라지면 당장은 쥐가, 나중에는 올빼미 역시 곤궁해질 것이고, 올빼미가 사라지면 쥐가 지나치게 늘면서 풀과 메뚜기는 남아나지 않게 될 것입니다. 산업 생태계 역시 마찬가지입니다. '패턴 – 재단 – 재봉 – 마도메 – 시야게'에서 어느 것 하나를 들어내면 나머지 역시 존속하기 어렵습니다. 옷을 동대문에 보낼 수 없게 되고, 그럼 창신동의 봉제 생태계는 줄줄이 무너지기 시작할 겁니다.

하지만 과거 창신·숭인 뉴타운 계획은 이 생태계를 조금도 중요하게 다루지 않았습니다. 그저 재개발 구역 귀퉁이에 새로 건물 한 채를 짓고 그 안에 봉제공장을 수용하듯 다 몰아넣겠다는 계획만 나왔습니다. 그 계획마저 섬세하지 않았습니다. 건물 규모가 수백 개의 봉제공장을 다 수용할 정도로 충분한지 의구심을 갖게 했을 뿐만 아니라, 그마저 재개발 사업 일정에서 뒷전으로 밀려나 있었습니다. 봉제공장 종사자들이 재개발에 부정적일 수밖에 없었던 배경입니다. 재개발이 쇠퇴한 도시에 활력을 불어넣는 수단이 되지는 못할망정, 오히려 자생적으로 키워온 활력마저 꺼트린다면 과연 누가 그 재개발을 옹호할 수 있을까요.

창신동에는 여전히 똘똘 뭉쳐 재개발을 선동하는 사람들이 있습니다. 이들의 관심은 온통 용적률을 얼마나 더 받을 수 있는지에 쏠려 있지, 봉제 산업 생태계의 존립 따위에는 없습니다. 수천수만 명의 삶이 얽힌 생태계쯤은 일소해도 괜찮은 것으로 치부하는 무모한 시도는 지금도 계속됩니다. 한쪽 눈을 감은 재개발을 고집한 후과가 극명하게 드러난 현장이 창신동에서 멀지 않은 도심에 있습니다. 청계천을 따라 을지로, 세운재정비촉진지구로 가보겠습니다.

1000개의 공장이 돌아가는 곳

1920년 8월 초, 경성(서울)은 큰비가 두 번이나 내리면서 집 2000여 채가 물에 잠기는 물난리를 겪었습니다. 청계천에 가까운 창신동도 수해를 피할 수 없었습니다. 당시 신문은 이렇게 전합니다.

> 창신동과 그 부근에는 륙십호가(육십호가) 침수되얏는대(침수되었는데) 삼십오호는 방안에까지 물이 채이엇스며(찼으며) 이십오호는 뜰아래에만 물이 들엇고(들었고)……
>
> _「一個月間(일개월간)에 三次大洪水(삼차대홍수)」, 『동아일보』, 1920년 8월 3일자

146

산(낙산)을 등지고 내(청계천)를 바라보는 창신동은 조선시대에 물이 흐르고 나무가 빽빽해 양반들이 풍류를 즐기는 장소였다고 전해지지만, 일제강점기를 전후해 서울의 경계가 확장된 다음에는 줄곧 도시 빈민층의 주거지였습니다. 1920년의 물난리는 창신동이 근현대 역사의 기록물인 신문에 처음 등장하는 순간입니다.

일제강점기 경성부가 1927~1938년 실시한 가구 조사 결과를 보면, 이 기간에 창신동은 조선인이 1534가구 늘어 도화동(1725가구)과 현저동(1674가구) 다음으로 많이 증가한 곳이었습니다. 모두 산자락에 자리한 동네들로, 당시 이러한 곳에는 흙을 쌓아 만든 집인 토막이 많았습니다. 경성의 토막은 6000호, 토막에 사는 사람인 토막민은 3만6000명에 달했습니다(서울역사박물관 2011). 주로 일본인이 거주지로 차지한 한양도성 내 도심에서 밀려나거나 농촌에서 토지를 잃고 새 터전을 찾아온 조선인이 토막에서 살았습니다. 이들은 지게꾼이나 날품팔이를 하며 생계를 이었습니다.

이 무렵부터 일제는 대규모 건축물을 짓기 위해 낙산을 파헤쳤습니다. 1912년 조선은행(현 한국은행), 1925년 경성역(현 서울역), 1926년 경성부청(현 서울시청), 1926년 조선총독부(옛 국립중앙박물관·1996년 철거) 등이 낙산의 지반인 화강암을 깎고 다듬어 세운 건축물입니다. 창신동에 정착한 토막민이 이 채

석장에서 굴러떨어진 바위에 맞아 다치거나 죽는 경우가 있었고, 집이 부서지기도 했습니다. 채석은 1960년대에 멈췄지만, 지금도 깊게 팬 흉터처럼 동네 한복판에 절벽이 남아 아픈 역사를 증언하고 있습니다.

1945년 해방과 1950~1953년 한국전쟁을 거치며 창신동의 인구 밀도는 더 높아졌습니다. 동대문 일대에서 일제가 남긴 철도 등 기반시설을 바탕으로 상업과 제조업이 발달했고, 일거리를 찾아 온 가난한 노동자들이 도심에서 가까운 창신동에 터를 잡았습니다. 이때의 주거 형태는 대부분 시멘트 블록으로 벽을 쌓고 그 위에 슬레이트 지붕을 올린 판잣집이었습니다. 창신동은 토막촌에서 판자촌이 되었습니다.

정부가 1960~1970년대 무허가 주택을 철거하고 주택 개량 사업에 착수하면서 창신동의 거주 풍경은 또 변하는 계기를 맞게 됩니다. 국공유지를 무단으로 점유하고 지은 판잣집이 많았는데, 아예 그 땅을 무상으로 넘겨 재개발을 유도하는 전략을 썼습니다. 하지만 주민들 사이에 뜻이 맞지 않아 재개발이 순조롭지 않았고, 정부는 1990년대 들어 집주인들이 제각기 집을 새로 짓는 방향으로 정책을 바꿨습니다. 그 과정에서 신축을 촉진할 유인책으로 용적률 등 도시 규제를 대폭 완화했고, 지금처럼 좁은 땅에 4~5층 다가구·다세대 주택이 빼곡히 들어차게 되었습니다. 근래 재건축·재개발 사업으로

창신동 산마루놀이터 부근에서 한양도성 성곽 쪽을 바라본 모습.

세워지는 아파트와 맞먹게 용적률이 250퍼센트. 심지어 300
퍼센트에 이르는 주택을 창신동에서 어렵지 않게 발견할 수
있는 이유입니다. 특히 한양도성 일부인 낙산성곽길에 바로
면한 창신 2동이 이러한 방식으로 정비되면서, 소중한 문화유
산의 경관을 해치는 결과를 낳았습니다.

2000년대 들어 창신동은 뉴타운 사업에 참여해 이웃 동네
인 숭인동까지 포함한 대규모 재개발을 꿈꿨지만, 주민 간의
찬반 갈등과 사업성 논란을 겪다 끝내 무산되고 말았습니다.
창신동은 처음으로 주민 투표를 거쳐 뉴타운 사업을 중단한

동네이자, 역시 처음으로 전면적 재개발 없이 주거 환경 개선을 도모하는 도시재생사업을 시작한 동네입니다. 하지만 워낙 낙후한 주거 환경 때문에 재개발 요구는 지금도 계속 분출하고 있습니다.

창신동은 주거 측면에서는 대표적인 달동네였지만, 산업 측면에서는 의류 산업의 중요한 생산 기지이기도 했습니다. 일제강점기에 창신동과 가까운 동대문 일대에 이미 방직공장 등 제조업 기반시설이 자리 잡았고, 1970~1980년대에 내수·수출 동시 증가세에 힘입어 의류 산업은 급속도로 성장했습니다. 1970년에 이미 550개 방직공장에서 2만 명이 넘는 노동자가 일했다고 합니다.

방직공장이 동대문에서 청계천을 건너 창신동으로 흘러든 데에는 1980년대 노동조합이 폭발적으로 늘어난 영향이 컸습니다. 전태일 열사가 몸을 스스로 불사르며 고발했던 저임금·장시간 노동을 거부하는 분위기가 확산하자, 사업주들은 공장을 공정 단위로 세밀하게 쪼개 수직적인 원청·하청 관계로 재조직하며 대응했습니다. 이렇게 해서 5명 안팎 규모의 영세한 봉제공장이 동대문 인근 창신동의 주택가로 침투하기 시작했습니다. 이러한 소규모 공장은 창신동에만 한때 3000여 개에 이르렀습니다. 창신동이 밤낮으로 미싱 소리가 울려 퍼지는 달동네가 된 배경에는 노조 운동에 맞선 자본의 전략

이 있는 셈입니다.

창신동은 '패션 중심지'로 부상한 동대문과 함께 번창했습니다. 하지만 1990년대에 대기업 의류회사의 내수시장 진입, 인건비가 절반 수준인 중국의 값싼 제품 유입, 외환위기 발발 등을 겪으며 서서히 침체되는 길을 걸었습니다. 내국인 노동자는 열악한 공장 환경을 견디지 못해 빠져나갔고, 그 빈자리를 외국인이 채웠습니다. 비록 전성기는 지났지만, 창신동에는 지금도 1000여 개의 공장이 밤낮으로 돌아가고 있습니다.

"떠나지 않게만 해달라"

상인들이 천막을 친 날은 2018년 12월 7일이었습니다. 그때
는 이 천막이 1년 넘게 갈지 아무도 몰랐습니다. 홍씨는 당시
천막 농성에 참여했던 상인입니다. 그는 그때를 회상하며 말
했습니다.

"우리가 정말 무지하긴 했어요. 하루아침에 300명이 그냥
빈손으로 쫓겨났을 때거든요. 그때 우리는 재개발이 뭔지도
몰랐고, 뭘 어떻게 해야 하는지도 몰랐어요. 어느 날 추석 명
절을 쇠고 와보니 건물이 다 무너져버린 거예요. 그리고 가게
마다 2억 원씩 압류가 막 들어와요. 통장에 2억 원씩 가진 사
람이 어디 많아요? 돈을 아예 못 쓰게 만들어버리는 거죠. 그
다음에는 통지서를 집으로 보내요. 그럼 가족들은 난리가 나

는 거예요. 나는 그게 너무 싫었어요. 재개발에 대해 완전히 무지했어요. 그렇게 비인간적으로 할 줄은, 그렇게 막 나올 줄은 진짜 몰랐어요. 상인들은 갑자기 쫓겨났으니 다 울고불고 그랬죠."

400일 넘게 천막을 쳤건만

상인들이 천막을 쳤던 곳은 청계천 관수교입니다. 관수교는 서울을 동서로 흐르는 청계천과 남북으로 오가는 충무로가 만나는 지점인 청계3가에 놓인 다리입니다. 관수교에서 충무로를 따라 남쪽으로 100미터쯤 내려와 이면도로로 꺾어 들어가면, 그 유명한 '노가리 골목'이 있습니다. 서울시가 2015년 서울미래유산(서울시가 지정·등록문화재로 등재되지 않은 근현대 문화유산 중 보존할 가치가 있다고 판단해 선정한 유·무형의 자산)으로 지정한 곳입니다.

이 노가리 골목 주변이 바로 홍씨를 비롯한 상인들의 일터입니다. 밤의 노가리 골목은 한잔 걸치려는 사람들로 북적북적하지만, 한낮의 골목을 지키는 사람들은 따로 있습니다. 바로 홍씨처럼 공구를 유통하는 상인입니다. 공구는 건설업·제조업 등 현장에서 제조, 절단, 조립, 수리, 측정 등에 사용되는 연장을 이릅니다. 공구상들이 천막을 친 청계천 관수교 일대에는 한국전쟁 직후부터 공구 유통 시장이 형성되었습니다. 재개발 때문에 하루아침에 쫓겨났다는 공구상들의 점포는 관수교 동남쪽 세운재정비촉진지구에 있었습니다.

공구상들은 그때부터 412일 동안 천막 농성을 벌였습니다. 가게 문을 닫고 궐기대회에 모여도 보고, 시민단체가 주최한 토론회를 쫓아다니기도 하고, 서울시청에 감사도 청구해보고, 국회와 청와대를 찾아가 호소하기도 해봤습니다. 하지만 끝내 재개발을 막지는 못했습니다.

홍씨는 천막 농성을 하면서 '교훈'을 하나 얻었다고 말했습니다. "용산참사*까지 겪었으면서도 바뀐 거라고는 영업 보상비가 3개월 치에서 4개월 치로 늘어난 것밖에는 없더라고요." 세운재정비촉진지구의 공구상들은 평생 몸담은 일터를 떠난 대가라기에는 턱없이 부족한 돈만 손에 쥐고 떠나야 했습니다. 공구상가가 사라진 곳에는 27층 주상복합 아파트가 들어서 2023년 2월 입주를 시작했습니다. 아파트 아래 정갈한 상가 건물에서는 이제 공구 가게의 흔적을 찾아볼 수 없

＊ 2009년 1월 20일 서울 용산구 한강로 2가 남일당 건물 옥상에서 점거 농성을 벌이던 세입자와 전국철거민연합회(전철연) 회원들이 진압을 시도한 경찰·용역 직원들과 충돌한 끝에 화재가 발생해 세입자 2명, 전철연 회원 2명, 경찰 1명이 사망한 사건이다.

습니다.

그때 홍씨는 다행히 화를 면했습니다. 그의 가게는 노가리 골목 근처에 있는데, 세운재정비촉진지구와는 도로 하나를 사이에 두고 떨어져 있습니다. 그러나 그것도 잠시였습니다. 길 건너 27층 아파트가 드리우기 시작한 재개발의 그림자는 금세 다가왔습니다. 동서로, 남북으로 마구 뻗어나가더니, 1985년 문을 연 유서 깊은 식당 '을지면옥'을 집어삼키고, 마침내 그 건너편 홍씨의 가게가 있는 지역까지 들이닥쳤습니다. 그곳에만도 300여 공구상이 있는데, 건너편 동료 상인들이 무지막지하게 쫓겨나다시피 한 모습을 보니 도저히 맞서 싸울 엄두를 낼 수 없었습니다. 홍씨는 다른 길을 찾아야 했습니다.

메뚜기 신세가 된 상인들

아무리 봐도 재개발은 막을 수가 없었습니다. 길 건너편에서 재개발을 막으려다 호되게 당하기만 한 동료 공구상이 안타까우면서도, 그 사건을 반면교사로 삼을 수밖에 없었습니다. 홍씨는 무슨 수를 써서라도 청계천 일대에 남는 게 가장 중요하다고 판단했습니다. 할아버지부터 손자까지 3대가 내리 공구 유통에 종사하는 가게도 있을 정도로 유서 깊은 상권인데,

세운재정비촉진지구 내 철공소 및 기계공구 · 전자전기 상가 거리 풍경

이대로 떠날 수는 없었습니다.

뭔가 대안이 필요했습니다. 홍씨는 재개발 시행사를 찾아가 타협을 시도했습니다. "우리는 법률적인 건 잘 모른다. 서로 변호사 사서 쓰면서 흙탕물에 들어가는 일은 하지 않았으면 좋겠다. 다만 굳이 재개발해야만 한다면 어떻게 할 계획인지 미리 이야기만 해달라. 협조하겠다. 그 대신 여기에서 일할 수 있는 여건을 만들어달라."

시행사도 사업이 매끄럽게 진행되기를 원했는지, 홍씨의 제안을 어느 정도 받아들였습니다. 시행사는 공구상들과 협의한 끝에 재개발 공사를 하는 동안 컨테이너로, 만든 임시 점포를 제공하기로 했습니다. 공사장 한쪽에 5평짜리 컨테이너를 3층 높이로 쌓으면 200개 넘는 점포를 확보할 수 있다는 계산이 섰습니다. 때마침 공구상들에게는 다행스럽게도, 서울시가 부랴부랴 움직이고 있었습니다. '유명 노포인 을지면옥이 재개발로 사라진다'라는 언론 보도에 여론이 들썩이자 서울시가 화들짝 놀란 겁니다. 재개발 구역 일부를 기부 채납받거나 서울시가 소유한 땅에 공공임대상가를 건설한 다음 공구 점포를 입주시킨다는 계획을 세웠습니다.

홍씨가 도출한 타협안을 다른 공구상들은 마지못해 받아들일 수밖에 없었습니다. 오랫동안 일궈온 장사의 기틀이 재개발로 한순간 무너지는데 그냥 지켜볼 상인이 있을 리 없지만,

재개발을 막을 수 없다는 걸 두 눈으로 똑똑히 목격했으니까요. 재개발 시행사와 타협한 내용대로 하면 재개발 공사가 시작될 때 가게를 일단 비웠다가, 공사장 주변에 컨테이너 임시 점포를 세우면 도로 들어왔다가, 공사가 끝나고 서울시가 약속한 공공임대상가가 완성되면 다시 그리로 가야 합니다. 멀쩡한 가게를 떠나서 세 번이나 이리 뛰고 저리 뛰어야 하는 메뚜기 신세를 달가워할 상인이 누가 있을까요. 그동안 확보한 단골손님이 달라진 여건에서도 계속 찾아오리라고 보장할 수도 없습니다. 홍씨는 온라인 유통을 확대해보자, 공구상가 지도를 제작해보자, 체험·교육 프로그램을 만들어보자, 이것저것 제안하며 다른 상인들을 달랬습니다. 이렇게라도 하지 않으면 정말 다른 길이 보이지 않았기 때문입니다. 홍씨가 말했습니다.

"어차피 우리 힘으로는 재개발을 막을 수가 없었어요. 그런데 이 사람들은 여기 계속 남아야 해요. 차라리 집이라면 그냥 떠나겠어요. 먹고살기 위해 여기서 벌어 자식을 길러야 하는 처지라 쉽게 떠날 수 없는 거잖아요. 재개발 때문에 문래동, 성수동, 파주로 떠난 사람들, 나중에 보면 거기서 폐업하고 다시 와요. 그런데 돌아와도 여기는 이제 자리가 없어요."

상인들은 번거로운 메뚜기 신세를 감내하면서까지 청계천

일대를 왜 떠날 수 없으며, 왜 기껏 떠나고서도 다시 돌아온다는 걸까요? 홍씨가 입버릇처럼 말하는 '가든파이브의 상처'를 들춰보면 알 수 있습니다. 서울시가 2003~2005년 시행한 청계천 복원 사업은 주변에 큰 파급력을 미쳐 재개발 사업을 다수 촉발했습니다. 홍씨가 말하는 상처는 당시 수많은 공구상이 송파구 가든파이브로 옮겨갔다가 쓰라린 실패를 맛본 기억을 뜻합니다.

서울시는 비슷한 시기에 동남권 물류·유통 거점을 만든다며 가든파이브를 건설했고, 이곳의 점포 일부를 청계천 상인들에게 제공했습니다. 하지만 가든파이브는 흥행에 철저히 실패했습니다. 한때 80~90퍼센트가 공실이라는 말이 나올 정도로 텅텅 비어 '유령 상가'라고 불렸습니다(손일선 2015). 청계천에서 이주한 공구 상가도 잘될 리가 없었습니다. 어떤 상인은 가든파이브에서 도로 청계천 근처로 왔다고 합니다. 이 과정을 누구보다 가까이에서 보고 들었을 홍씨 같은 상인들은 청계천 일대를 떠난다는 것에 강한 거부감을 느낄 수밖에 없습니다. 장사는 마치 나무와 같아서 땅과 물, 공기 등 주변 환경에 적응해 뿌리를 내리고 가지를 뻗습니다. 그 나무를 토양이 다른 곳에 어느 날 갑자기 덜렁 옮겨 심고 잘 자라길 바랄 수는 없는 노릇입니다.

역설적으로, 가든파이브의 실패는 청계천의 산업 생태계가 실제로 존재하고 작동한다는 사실을 증명했습니다. 산업 생태계는 단기간에 인위적으로 구축되는 게 아니라, 긴 세월을 거쳐 주변 지역 및 다른 상권과 상호작용하며 사슬을 조금씩 불리고 엮어 형성된다는 사실을 새삼 깨닫게 했습니다. 창신동에 '패턴 – 재단 – 재봉 – 마도메 – 시야게'로 구성된 산업 생태계가 있듯, 청계천 일대에도 오랜 시간을 두고 조직된 탄탄한 산업 생태계가 존재합니다.

청계천의 산업 생태계

을지면옥 사태에 놀란 서울시는 2019년 청계천 일대 산업 생태계를 면밀하게 조사한 바 있습니다. 청계천 주변 세운상가군과 5개 구역 등 세운 일대의 상공업 실태를 기록해 「(세운 재정비 촉진계획 변경을 위한) 세운일대 산업 특성 조사 보고서」(강우원 외 2020)를 펴냈습니다.*

_____

* 세운상가군은 세운상가 등 8개 상가를 말한다. 5개 구역은 세운재정비촉진지구 중 2구역, 5구역, 6 – 1구역, 6 – 2구역, 6 – 3구역을 말한다. 이밖에도 3구역, 4구역, 6 – 4구역 등 3개 구역이 더 있으나 본문에서 인용한 보고서는 이 구역을 조사 대상지에서 제외했다. 조사 대상지는 보고서와 같이 '세운 일대'로 표기한다. 세운상가군과 세운재정비촉진지구에 관해서는 뒷부분에서 상세히 서술한다.

또, 세운 일대는 근현대 이전에 민가 지역이었지만, 1960년대를 이 보고서에 따르면, 세운 일대에는 2017년 기준 8562개 사업체가 있습니다. 주로 2~3명 정도 일하는 소규모 업체이며, 더러는 20명까지 고용한 대규모 업체도 있습니다. 대략 2만 명 넘는 사람들이 세운 일대에서 일하고 있습니다.

이곳의 사람들은 어떤 일을 할까요? 그 단서를 한 도넛 가게에서 찾아볼 수 있습니다. 이 가게의 이름은 '빠우'로, 세운 일대 중심부인 대림상가에 있습니다. 주변 직장인들뿐만 아니라 일부러 찾아온 손님들이 줄지어 도넛을 기다리는 모습을 곧잘 볼 정도로 인기가 많은 곳입니다. 그런데 여기에서 파는 도넛 모양이 다소 특이합니다. 가운데 동그란 구멍이 난 건 다른 도넛과 같은데, 전체적으로 동그란 튜브가 아니라 울퉁불퉁 모난 형태입니다. 이건 별일까요? 아니면 불가사리일까요? 호기심을 상당히 자극하는데, 알고 보니 공구 모양을 본떴다고 합니다. 발음이 재미난 이름인 빠우와도 잘 어울리는 듯한데, 사실 이는 'Buff(연마하다)'의 일본식 발음입니다. 그러고 보니 세운 일대에는 'ㅇㅇ빠우'라는 이름을 가진 가게가 참 많습니다.

전후해 청계천 일대 상인과 기술자가 조금씩 상권을 개척하면서 나중에는 비율이 역전된 곳이다. 산업 생태계 측면에서 '청계천'과 '세운'의 성격이 유사하므로 이 책에서는 그 둘을 같은 의미로 섞어 쓴다.

빠우 가게는 일종의 철공소입니다. 이곳에서는 종일 금속을 갈고 닦는 날카로운 소리가 납니다. 세운 일대를 다니다보면 이 소리가 바로 이 지역의 정체성이나 다름없다는 걸 알 수 있습니다. 'ㅇㅇ정밀' 'ㅇㅇ금속' 'ㅇㅇ철강' 같은 상호가 붙은 점포에서도 어김없이 금속음이 들립니다. 기껏해야 10평(33제곱미터) 남짓한 사업장 안은 보기에도 정말 뭐든지 갈아버릴 수 있을 것 같은 육중한 기계가 꽉 채우고 있습니다. 그 앞에서 일하는 기술자는 안경이 콧등까지 흘러내리도록 땀에 절어 있고, 그의 발밑에는 깎여나간 금속 조각이 수북이 쌓여 있습니다. 금속을 저미다시피 가공할 때 나오는 파편은 마치 연필을 깎고 남은 나선형 나무 조각처럼 둘둘 말려 있습니다. 이런 금속 쓰레기를 수거하는 손수레가 하루에도 몇 번이나 세운 일대를 돌아다닙니다.

　이곳에서는 대체 무엇을 만들까요? 세운 일대를 찾는 사람들의 목적은 거의 비슷합니다. '세상에 존재하지 않는 물건'을 제작해주는 곳이 바로 세운입니다. 기업이나 연구소가 개발 중인 제품의 '샘플(시제품)' 제작을 의뢰하는 경우가 많습니다. 아니면 '이제는' 세상에 존재하지 않는 물건도 세운에서는 만들어낼 수 있습니다. 예를 들어, 오래된 공장 설비가 망가져 부품을 바꿔야 하는데, 그 부품을 이제는 시중에서 구할 수 없다면 세운 일대의 철공소에 팩스 한 장만 보내면 됩니

금속을 밀리미터 단위로 깎는 작업 현장과 수북하게 쌓인 금속 조각.

다. 이곳의 기술자들은 도면 그대로 깎아서 만들 수 있는 기술력을 보유하고 있습니다.

산업·건축 등 디자인을 전공하는 대학생도 아이디어를 손에 닿는 실체로 만들고 싶어 세운을 찾아옵니다. 음악을 전공하는 학생들도 장인만이 섬세하게 다룬다고 알려진 악기의 부속품을 세운의 기술자에게 믿고 맡깁니다. 이러한 업태를 두고 대개 '다품종 소량 생산'이라고 하는데, 사실 품종에 제한이 없습니다. 세운 일대의 기술력은 "세운에서는 탱크와 미사일 빼고 다 만든다"라는 말이 있을 정도로 오래전부터 높이 평가받았습니다.

세운 일대에는 금속을 자르고 광택을 내고 색을 칠해 어떤 형상을 만들 뿐만 아니라, 아크릴을 다듬고, 종이로 출판물과 광고물을 찍어내고, 이러한 작업에 필요한 공구와 부품을 판매하는 가게들도 있습니다. 조명 기구와 인테리어, 전기·전자제품 유통 등 다양한 상권이 형성되어 있습니다. 서울 도심 한복판에 제조업과 유통업이 살아 숨 쉬는 곳이 바로 세운입니다.

이곳의 업체들은 각기 따로 존재하는 게 아니라 하나의 사슬로 얽혀 있습니다. 예를 들어 A라는 업체가 생산품에 들어갈 '&'자 모양의 부품이 필요해 금속을 가공하는 B 업체에 발주했다고 가정하면, B 업체는 이 형태(&)에 꼭 맞는 나무틀을 만들어줄 C 업체를 찾습니다. 재료는 근처 D 업체에서 구매하고, E 업체에 칠과 연마 등 후처리를 맡깁니다. 이렇게 만든 최종 형상을 B 업체가 A 업체에 납품합니다. 세운 일대는 가상의 컨베이어 벨트가 돌아가는 하나의 거대한 공장이나 다름없습니다.

세운 일대의 도소매 업체들에 물었더니 28.6퍼센트는 '주변 제조업체에서 제작한 완제품을 판매'한다고 했고, 24.4퍼센트는 '제품의 수리, 조립, 가공, 설치를 위해 의뢰'한다고 했습니다. 또한 27.7퍼센트는 '주변 제조업체로부터 주문을 받아 납품'합니다. 80퍼센트 이상이 주변과 어떤 식으로든 관계를 맺고 있는 것입니다.

제조업체의 41.8퍼센트, 인쇄업체의 81.7퍼센트는 세운 재정비촉진지구 안에서 주로 하청을 주고 있습니다. 특히 인쇄업체의 76.2퍼센트는 모든 공정을 세운 일대에서 해결할 수 있습니다. 원자재도 제조업체의 60.3퍼센트, 인쇄업체의 83.3퍼센트가 세운 일대에서 조달했습니다. 도소매 업체의 46.5퍼센트는 세운 일대에서 판매할 제품을 공급받았습니다.

세운 일대는 무언가를 만드는 곳이면서, 가르치는 곳이기도 합니다. 사업체 대표자들의 평균 경력은 30년에 이르며, 전체 일하는 사람의 평균 경력도 20년 안팎에 달합니다. 75퍼센트 정도는 사업장에서 기술을 배우기 시작해 지금까지 일하고 있습니다. 지금의 대표자들 역시 대부분 20대 후반에 일을 시작했으니, 누군가로부터 기술을 배우는 과정이 있었을 것입니다. 세운 일대에서 일어나는 기술의 전수와 학습 또한 청계천 산업 생태계에서 빼놓을 수 없는 중요한 사슬입니다. 다음 세대가 기술력을 이어나갈 수 있는 곳이 바로 세운 일대입니다.

청계천을 맴도는 사람들

하지만 최근 청계천 일대의 숙련된 기술자들도 하나둘씩 정든 터전을 떠나고 있습니다. 홍씨를 비롯한 공구상들처럼 역시 재개발에 밀려나는 중입니다. 그리고 이 기술자들 역시 여태껏 기대어온 산업 생태계를 벗어나지 못하고 청계천 주변 이곳에서 저곳으로 옴치고 뛰는 메뚜기 신세에 처했습니다. 옛 속담을 패러디하면 '개똥밭에서 굴러도 청계천이 낫다'라고 할 수 있을까요. 걸핏하면 재개발이 괴롭히지만, 오랜 산업 생태계를 바탕으로 쌓아올린 '청계천' 혹은 '세운'이라는 브랜드를 버릴 수가 없는 것입니다.

가림막을 빙 둘러친 건설 현장은 요즘 청계천 일대에서 익숙한 풍경이 되었습니다. 그곳에는 어김없이 '이전 안내'라고 적힌 종이가 덕지덕지 붙어 있습니다. 사업장이 공사판이

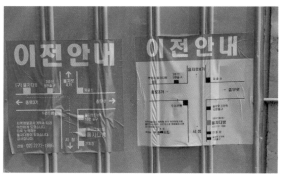

세운재정비촉진지구 내 재개발 현장 가림막에 붙은 영업장 이전 위치 안내.

되면서 영업을 못 하게 되자 옮긴 새 사업장 위치를 손님에게 알리는 표지판입니다. 영등포나 구로 등으로 멀리 떠난 업체도 있지만, 대부분은 '200미터 거리' '바로 맞은편' '길 건너' '걸어서 1분' '뒤돌면 보입니다' 이렇게 안내합니다. 이들이 청계천 일대에서 떠돈다는 사실을 알 수 있습니다.

청계천 일대에서 가장 규모가 큰 재개발은 세운상가 동쪽 세운4구역, 예지동에서 한창 진행 중입니다. 이곳도 2022년 말 기존 건물을 싹 철거하기 전까지는 세운재정비촉진지구의 여느 구역들과 크게 다르지 않았습니다. 좁고 복잡한 골목을 끼고 허름한 상가가 촘촘하게 들어서 있었습니다. 다만 예지동은 금속과 공구가 아니라 시계와 귀금속을 다루는 상권이었습니다. 1960년대부터 시계공과 귀금속 세공 기술자들이 모여들었다고 합니다(전미영 2021). 그래서 이곳을 '예지동 시계골목'이라고 불렀습니다.

시계골목일 때는 롤렉스인지 오메가인지, 그것도 정품인지 짝퉁인지 알 수 없는 시계들이 진열대 유리창 너머에 가득했습니다. 돋보기안경이나 현미경을 끼고 손에 든 드라이버를 쉴 새 없이 돌려대던 시계공들은 대부분 나이가 지긋했는데, 사람이라도 지나가면 너도나도 손짓하며 불러대 정신을 쏙 빼놓을 지경이었습니다. 이 상권이 재개발로 와해하기 전까지는 그랬습니다.

예지동 시계골목의 재개발 과정을 꼼꼼히 기록한 연구자들이 시계공과 상인의 이주 궤적을 하나씩 추적한 결과가 있습니다. 자취가 파악된 220개 업체 중 78퍼센트(172개 업체)가 세운4구역에서 반경 300미터 안에 재정착했습니다. 전자·전기·조명 기기를 취급하던 업체 중 23개는 유사 업종이 많은 세운상가로 옮겨갔습니다.* 이렇게 세운재정비촉진지구 주변에서 발생하는 이주 수요 때문에 세운상가는 지금 공실이 없을 지경입니다. 이는 청계천의 산업 생태계가 현존할 뿐 아니라, 여전히 끈끈하다는 사실을 보여줍니다.

---

* 앵커랩+어댑티브스가 2022년 1월 3일까지 이주 경로를 수집해 작성한 지도를 바탕으로 이주 경로별 비율을 계산했다.

여기는
백지가
아닌데

예지동 시계골목의 시계공들은 2008년부터 하나둘씩 골목을 뜨기 시작했습니다. 그곳은 시계 기술자들이 젊은 날을 바쳐 일군 상권이었지만, 동시에 아주 오랫동안 재개발 대상지인 세운4구역이기도 했습니다. 2021~2022년에는 공식적으로 철거가 예고되어, 시계공들이 대체 사업장인 세운스퀘어와 세운상가 등 인근 상권으로 급속도로 뿔뿔이 흩어졌습니다. 지금 시계골목을 이뤘던 노점과 점포, 건물들은 하나도 남아 있지 않습니다. 몇 년 후면 주택, 사무실, 호텔, 상점이 섞인 18층 건물이 들어섭니다.

서울시가 2004년 2월 5일 예지동 일대를 도시환경정비구역으로 지정했으니, 재개발을 위해 땅을 완전히 비우기까지

18년이 걸렸습니다. 복합건물 완성을 보기까지는 몇 년이 더 걸릴지 모릅니다. 종로구청이 2018년 사업시행계획을 인가할 때만 해도 2023년 완공을 목표로 잡았는데, 2023년 6월 현재 건물을 단 1개 층도 올리지 못했습니다. 그 장소에 원래 있던 걸 싹 밀고 새로 짓는 재개발은 언뜻 생각만큼 속전속결로 진행되지 않습니다. 세운4구역 재개발에만 이 정도 세월이 걸리는데, 세운4구역의 거의 8배에 달하는 땅을 단 6년 만에 재개발한다는 건 상상이나 할 수 있을까요? 실제 그런 계획이 있었기에 하는 이야기입니다.

한 눈을 감은 속도전의 결말

세운상가군은 종묘부터 충무로역까지 남북으로 쭉 이어지는 여러 상가 건물을 통틀어 이르는 말입니다. 장장 1킬로미터에 이르러 세운 일대의 중심축을 이룹니다. 종묘 앞에서부터 세운·청계·대림·삼풍·풍전·신성·진양 등의 순으로 장방형 상가 건물이 길쭉하게 뻗어 있습니다.

2006년, 서울시는 이 세운상가군을 포함한 대규모 개발 계획을 구상합니다. 개발 면적은 약 35만 제곱미터, 무려 10만 평에 달했습니다. 이 계획을 가리키는 이름, 즉 「세운재정비촉진계획」은 당시 뉴타운 바람이 세운 일대에도 몰아쳤다는 사실을 보여줍니다.

세운상가 일대 재개발 계획이 나온 게 이때가 처음은 아닙니다. 1979년 '세운상가 재개발 구역'을 처음 지정한 이래 1988년 세운상가 재개발사업계획, 1994년 「도심재개발기본계획」, 2000년 「도심부관리기본계획」, 2002년 「도심부 발전계획」, 2004년 「도시및주거환경정비기본계획」 등에 재개발 밑그림이 계속 담겼습니다. 세운상가군 주변의 금속, 인쇄, 아크릴 등 제조산업이 도심의 분위기와는 어울리지 않는다고 하여 1960년대부터 이미 '도심 부적격 업체'라는 낙인을 받아들여야 했습니다. 수많은 개발 계획은 하나같이 저층 제조업 지대와는 상반된 그림을 그렸습니다. 예컨대, 1995년 「종로구 도시기본계획」에는 세운상가 주변을 '초고층 인텔리전트 빌딩'으로 재개발한다는 목표가 담겼습니다(서울특별시 2009).

그런데 그 많은 계획 중에서도 세운재정비촉진계획은 유독 차원을 달리했습니다. 2002년 도심부 발전계획에서 이미 종묘부터 충무로까지 이르는 지역을 단번에 '통개발'한다는 발상이 나왔지만, 세운재정비촉진계획은 여기에 속도전까지 더했습니다. 우선, 세운상가 주변을 8개 구역*으로 나누

---

* 8개 구역은 1, 2, 3, 5, 6 - 1, 6 - 2, 6 - 3, 6 - 4 등 구역이다. 4구

세운재정비촉진지구(붉은선 안쪽) 위치도

세운상가 옥상에서 바라본 세운재정비촉진지구

고, 개발 계획을 3단계로 구분했습니다. 1구역은 2009년까지, 2·3·5구역은 2012년까지, 6-1~6-4구역은 2015년까지 재개발을 마친다는 과감한 계획이 나왔습니다. 10만 평 중 약 4만 평(13만 제곱미터)을 3년 안에, 그리고 나머지 6만 평(21만 제곱미터)을 또 다음 3년 안에, 그렇게 6년 만에 재개발한다는 것입니다.

> 종묘와 남산을 연결하는 폭 90미터, 길이 1킬로미터의 세운녹지축 복원 및 청계천의 접근 체계 보완으로 보행 접근이 가능하도록 계획하여 청계천의 수경축과 세운녹지축, 세계문화유산인 종묘를 연계한 세계 수준의 도심 관광명소로 조성하게 된다. (…) 서울시는 세운재정비촉진사업을 통하여 세계적으로 그 유례를 찾아보기 힘든 대규모 도심 녹지축의 조성과 낙후된 도심 재개발을 성공적으로 추진하여 도심(세운지구)을 「도심 속의 신도심」으로 재창조하고 역사문화와 경제, 첨단, 디자인이 어우러진 활력 있는 서울로

역은 서울주택도시공사가 시행하는 도시환경정비사업 구역으로 여기에 포함하지 않는다. 1구역은 원래 종묘를 마주 보고 세운상가 앞에 서 있던 현대상가와 그 일대를 가리킨다.

조성해 나아갈 예정이다.

_ 서울특별시, 「세운재정비촉진계획 결정, 본격 사업착수」
보도 자료, 2009년 3월 19일자

2009년 세운재정비촉진계획은 이렇게 야심차게 시작했습니다. 하지만 그 끝은 초라하기 그지없었습니다. 1구역인 현대상가를 부수고 잔디를 깔아 '세운 초록띠 공원'이라고 이름 붙인 것 말고는 아무것도 바꾸지 못했습니다. 아니, 어쩌면 이런 식의 계획으로는 아무것도 바꿀 수 없다는 사실이 처음부터 자명했는지도 모릅니다. 애초 그 너른 땅에 얽힌 복잡한 이해관계를 무시한 채 비현실적인 계획을 수립했던 것입니다.

가령 우리나라 최초의 대형 주상복합 건물인 세운상가는 저층부는 상가, 고층부는 주택으로 구성되어 있는데, 당시 주택의 방 하나씩을 차지하고 지분을 주장하는 사람이 득실했습니다. 이른바 '지분 쪼개기'가 성행한 겁니다. 조만간 개발 이익을 얻을 것으로 보이는 곳에는 이러한 사람들이 꼬이기 마련입니다. 또, 구역 한 개의 크기가 1만3000~1만4000평 정도로 어마어마하게 크다보니, 그 안에 지분을 가진 소유주도 엄청나게 많을 수밖에 없었고, 세운상가와 마찬가지로 구역마다 지분 쪼개기가 판을 쳤습니다. 그들이 가져갈 개발 이익을 조정하는 일이 순조롭게 될 리 없었습니다. 세운상가에 달랑 방 한 개를 깔고 앉은 사람이든 세운재정비촉진지구에 공장 건물과 수십 평의 토지를 가진 사람이든 조금이라도 더 가져가려고 아귀다툼을 벌였습니다.

개발 이익 앞에 불나방처럼 모여드는 투기꾼들의 행태는 어떤 논리로도 옹호하기 어렵습니다. 다만 총칼을 앞세우지 않고서야 그걸 무시하기 힘든 것도 현실입니다. 세운재정비촉진계획은 개발의 덩치를 한껏 키우면서도 속도는 재촉해 내재한 문제를 단기간에 폭발시켰습니다. 재빨리 단물(개발 이익)을 빨아먹고 빠지고픈 투기꾼들에게 6년 내 개발 완료라는 대담한 시간표는 얼마나 매력적으로 느껴졌을까요. 머릿속에서 그린 조화롭고 통일된 조감도처럼 세운재정비촉진지구 같은 큰 땅덩어리를 단기간에 개조할 수 있다는 환상, 세운재정비촉진계획은 그 이상도 그 이하도 아니었습니다.

늘 뒷전인 산업 생태계

세운재정비촉진계획의 처절한 실패를 확인한 지금도 세운 일대는 여전히 '세운재정비촉진지구'로 묶여 있습니다. 여전히 '정비'를 '촉진'해야 할 지역으로 취급한다는 뜻입니다.

물론, 헌 집 부수고 새집 짓는 재개발을 무조건 마다할 이유는 없습니다. 어떤 도시든 일정한 시간이 지나면 쇠락하고, '새 술은 새 부대에 담는다'라는 말처럼 변화한 주거 양식이나 산업 구조에 맞지 않으면 새롭게 고쳐 쓸 필요가 있습니다. 수백, 수천 년이나 그대로 전해져 내려오는 도시와 건축물은 오히려 역사에서 예외적인 존재들입니다. 그 시대에 사는 사람의 수요에 맞춰 덧대거나 때로는 완전히 새로 지은 구조물을 공급할 필요가 있습니다. 그렇다면 지금 이 시대에 세운재정비촉진지구에는 어떤 수요가 나타나고 있을까요?

세운재정비촉진계획은 '녹지축' '도심 관광명소' '신도심' '경제' '첨단' '디자인' 같은 것들이 세운재정비촉진지구에 필요하다고 주장했습니다. 세운재정비촉진지구의 제조업과 유통업에 관한 이야기는 아예 등장하지 않습니다. 이곳을 그저 '낙후된 도심'이라고만 규정하며 재개발의 시간표를 제시했을 뿐입니다. 세운재정비촉진지구의 산업 생태계는 1980년대부터 나온 숱한 재개발 계획에서 단 한 번도 진지하게 다뤄지지 않았습니다. 그나마 1980~1990년대에는 자동차 부품상과 정비소·검사장은 전농동, 공구상은 구로·영등포 등으로 구체적인 이전 위치를 정하고 실제로 옮겼지만, 근래에는 이런 대안에 대해서는 일언반구도 없습니다. 여전히 산업 생태계의 미래는 장담할 수 없이 불안정하기만 합니다. 오히려 서울시는 재개발로 옮겨가야 하는 공구상과 기술자들이 입주할 수 있는 공공임대상가 건립 약속을 스스로 뒤집었습니다.* 이 땅에 분명히 뿌리내린 사람들을 왜 원래 그곳에 없었던 존재처럼 치부하는 걸까요? 세운재정비촉진계획을 입안한 사람들의 눈에는 세운재정비촉진지구의 산업 생태계가 눈에 보이지 않았던 걸까요?

세운재정비촉진지구에는 실물경제를 구성하는 산업과 종사자들이 있습니다. 8000개의 사업체와 여기에 엮인 협력업체들, 2만 명의 종사자와 이들에게 의존하는 가족들을 고려하면, 그 산업은 결코 작은 규모라고 할 수 없습니다. 게다가 서로 일감과 자원을 주고받는 산업 생태계의 특성을 고려하면, 10만 평 땅에 집적된 산업체를 다른 어딘가로 고스란히 옮기는 일도 사실상 불가능합니다. 이러한 산업을 불과 몇 년 만에 일소하는 개발 계획은 애초 성립할 수 없다고 보는 게 현

---

* 2020년 3월 4일 서울시는 '세운상가 일대 도심산업 보전 및 활성화 대책'을 발표하며, 세운재정비촉진지구 내 여러 구역을 일시에 재개발하지 않고 시간을 두고 한 구역씩 순서대로 돌아가며 재개발하는 '순환형 재개발'을 추진하겠다고 밝혔다. 또, 기존 사업장이 세운재정비촉진지구 안에서 계속 영업할 수 있도록 재개발 사업자가 기부 채납한 공원용지를 활용해 서울주택도시공사SH나 한국토지주택공사LH가 공공임대상가 700호를 짓는다는 계획을 발표했다. 하지만 2023년 6월 현재 세운재정비촉진지구 내 완성된 공공임대상가는 세운5구역 100호뿐이다.

실적인 판단입니다. 또, 세운재정비촉진지구는 축구장 40개만 한 공간인데, 세운재정비촉진계획은 개발 속도전을 지향했고, 결과적으로 스스로 스텝이 꼬여 무참히 실패했습니다.

 그나마 세운재정비촉진지구 재개발이 낸 유일한 성과가 있다면, 서울주택도시공사가 2004년부터 시행한 세운4구역 도시환경정비사업을 꼽을 수 있습니다. 그마저 2022년부터 새 건물터를 다지기 시작했으니, 기존 건물을 철거하는 데까지만 18년이 걸렸습니다. 왜 그랬을까요? 투기꾼의 난립만이 문제가 아니었습니다. 개발을 촉진하는 데만 눈이 팔려 무시하고 지나쳤던 것이 예지동 시계골목 같은 산업 생태계뿐만은 아니었습니다. 지금은 허허벌판이 된 세운4구역으로 가서 우리의 재개발이 얼마나 많은 현실적 조건을 무시하고 강행되는지 되짚어보겠습니다.

'주상복합 하꼬방'이 있던 곳

1952년 겨울을 앞두고 당시 내무부 치안국은 서울시 경찰국에 공문 한 통을 보냈습니다. 공문에는 '청계천 일대 무허가 시장을 조속히 철거하라'(『조선일보』 1952)라는 내용이 담겼습니다. 당시 청계천변에는 천 조각을 모아 얼기설기 만든 천막이나 판자를 덧대어 만든 임시 건물인 이른바 '바라크'(Barrack는 원래 군용 막사를 뜻하는 단어로 1950년대 이후 우리나라에서는 판잣집을 부르는 말로 쓰였다)에서 장사하는 사람이 많았습니다. 전쟁통에 정부마저 떠나고 없는 서울에서 고향과 가족을 잃은 사람들이 털실이라도 팔며 겨우 생계를 이었는데, 정작 정부는 "외국인 보기에도 창피한 노릇"이라며 철거를 명했습니다.

그런데 공문을 보낸 지 열흘이 넘도록 경찰은 움직이지 않았습니다. 윤명운 당시 서울시 경찰국장(지금의 서울경찰청장)은 공개적으로 "서울의 경제를 좌우한다고 볼 수 있는 청계천 시장을 덮어놓고 철거한다는 건 힘든 일"이라며 "개인적으로는 철거할 때가 아니라고 생각한다"라고 소신을 밝혔습니다. 경찰이 치안국의 지시를 사실상 거부하는 바람에 청계천 사람들은 그해 겨울을 날 수 있었습니다.

　　하지만 공권력은 그 후에도 계속 청계천 상권을 뒤흔들었습니다. 종로부터 동대문까지 청계천 일대는 일제강점기와 한국전쟁을 거치며 고물상 등 밑천 없는 장사꾼들의 거리가 되었지만, 행정가들은 틈만 나면 '도시 미관'을 앞세워 청계천 사람들을 이곳에서 내쫓으려고 했습니다.

　　첫 시도는 청계천에 '뚜껑'을 덮는 일이었습니다. 1958~1961년 종로 광교부터 동대문 인근 오간수교까지 청계천 복개공사를 진행했습니다. 복개가 필요한 명분은 '심각한 오염'이었습니다. 청계천변에 '하꼬방'이라고 불리는 판잣집이 가득 들어차 집마다 흘려보낸 오물 때문에 청계천이 전염병의 근원지가 되었다는 말이 많았습니다(『경향신문』 1949). 당시 하꼬방은 가느다란 나무 기둥을 듬성듬성 천변에 박고 그 위에 세운 형태였는데, 어떤 집은 2~3층씩 쌓아 아래층은 장사용으로, 위층은 주거용으로 썼습니다. 이런 구조에서는 잦은 침수나

장마로 물이 불어난 1959년 8월 31일 청계천 판자집의 전경.

화재가 큰 피해를 낳기도 했습니다.

복개공사는 판잣집 수백 호를 몰아냈는데, 이때 상인들이 청계천변 동네인 장사동, 입정동, 관수동, 예지동 등으로 스며들게 되었습니다. 하지만 이때만 해도 이 지역은 가정집이 많은 곳이어서 주민들이 어느 날 흘러들어온 상인들과 소음 등의 문제로 충돌하는 일이 잦았습니다. 이러한 갈등은 서울시가 청계천 상권을 '도심 부적격 업소'로 지정하는 계기가 되었습니다.

명예롭지 않은 딱지가 붙은 여건에서도 청계천 상권은 산업화와 함께 급속도로 성장했습니다. 이곳에서 파는 물건의 주요 출처는 다름 아닌 한반도에 주둔하는 미군이었습니다. 주로 미군 부대를 통해 고물이 된 공구, 라디오, 석유램프, 카메라, 축음기 등이 '나까마(중개상인)'를 거쳐 청계천에 유입되었고, 자동차 부속품 판매도 성행해 하나의 시장을 이뤘습니다. 1970~1980년대에는 삼성, 현대 등 대기업에도 부품과 자재를 납품할 정도로 전성기를 누렸습니다.

하지만 1980년대부터 청계천 일대 재개발 계획이 나오면서, 도심 부적격 업소로 분류된 기계·공구 시장과 제조업 공장을 다른 곳으로 이전하는 정책이 본격적으로 추진되었습니다. 부적격 사유로 분진, 소음, 악취, 진동, 매연, 폐수 등이 거론되며 '공해업체'라는 낙인마저 찍혔습니다. 실제로 적지 않은 사업장이 '재배치'라는 명목으로 전농동, 장안동, 문래동, 고척동, 시흥동, 당산동 등으로 옮겨갔습니다.

재개발은 달아오른 분위기만큼 쉽게 진척되지 못했고, 개발 이익을 얻어보려고 몰린 사람들 사이에 '지분 쪼개기'가 성행 하면서 결과적으로 재개발하기에 더더욱 어려운 여건을 만들 었습니다. 어떻게 보면 그 덕분에 청계천 상권은 IMF 외환위 기 등 시련을 겪으면서도 그럭저럭 살아남을 수 있었습니다. 그사이 상권의 주인이 2~3세로 넘어가는 '세대 교체'도 일어 났습니다.

2000년대 들어선 여건이 급변했습니다. 서울시가 2003~2005 년 '뚜껑'을 벗긴 청계천이 도심 생태 명소로 재탄생하면서, 주변의 개발 압력을 급격히 높였습니다. 청계천의 물이 시작 되는 광화문 일대부터 청계2가 부근 수표동, 청계3가 부근 입 정동, 청계4가 부근 예지동, 청계8가 부근 황학동 등에서 재 개발이 속속 진행되었습니다. 재개발뿐만 아니라 인터넷에 기반한 유통 구조 도입, 마치 대형 마트 같은 '유통업계 공룡' 의 등장도 변화를 재촉했습니다. 공구 유통업과 제조업 중심 의 도심 산업 생태계를 대기업 사옥 등 사무용 건물과 아파 트, 오피스텔이 빠른 속도로 대체하고 있습니다.

유산을
망각한
도시

세운상가를 마주 보는 자리에 종묘가 있습니다. '종묘사직'
할 때 그 종묘입니다. 종묘는 조선(1392~1910) 왕과 왕후의
신주(위패)를 안치한 사당입니다. 518년 동안 이어진 왕조
를 기리며 역대 왕들의 제사를 지내는 공간입니다. 태조 3년
(1394)에 착공해 이듬해에 완공했으니, 그 역사가 이제 600년
도 넘었습니다. 종묘는 조선의 왕이 살던 경복궁의 동쪽에 있
고, 사직은 경복궁의 서쪽에 있습니다. '사직단'이라고 불리
는 그곳은 토지와 곡식의 신에게 제사를 지내는 공간입니
다. 종묘 착공에 이어 태조 4년(1395)에 사직단을 처음 쌓았
습니다.

　종묘사직 건립은 조선이라는 한 나라의 기틀을 다지는 건축

사업이었습니다. 조선의 일등 개국공신 정도전(1342~1398)은 종묘와 사직에 관해 이렇게 썼습니다.

> 임금은 천명天命을 받아 나라를 열고 나서 반드시 종묘宗廟를 세워 조상을 받들어 모신다. 이것은 자기의 근본에 보답하고 조상을 추모하는 것이니 매우 큰 도道다. (…) 사社는 토신土神이며 직稷은 곡신穀神이다. 사람이란 토지가 없으면 존립할 수가 없고, 곡식이 없으면 살아갈 수가 없다. 그러므로 천자에서 제후에 이르기까지 인민을 가진 자는 모두 사직社稷을 설치하는 것이니 이것은 인민을 위하여 행복을 가져오는 제사를 지내기 위함이다. (…) 제사祭祀는 나라의 대사大事다. 그러므로 국가를 다스리는 자는 반드시 먼저 종묘를 세우고 다음에 사직을 세운다.
>
> _ 정도전, 『조선경국전』, 올재, 2014, 103~202쪽

  조선의 왕과 신하는 계절이 바뀔 때마다 종묘를 찾아 왕조의 조상에 제사(종묘대제)를 지냈습니다. 이때 사용한 음악인 종묘제례악이 지금도 전해집니다. 유네스코UNESCO는 이러한 역사적 의미를 인정해 1995년 종묘를 한국에서 가장 먼저 세

계문화유산에 등재했습니다. 종묘제례와 제례악 역시 2001
년 세계무형유산 목록에 올랐습니다.

자초한 문화유산의 위기

하지만 세계문화유산 등재 약 10년 만인 2006년, 종묘는 '위
험에 처한 문화재'가 될 수 있다는 '경고'를 받았습니다. 어찌
된 일일까요?

당시 세운4구역인 예지동 시계골목의 땅값이 평당 1억 원
에 육박했습니다. 2004년 서울시가 세운4구역을 도시환경정
비사업 구역으로 지정하면서 재개발 분위기가 고조되었기 때
문입니다. 그런데 갑자기 찬물을 끼얹다시피 하면서 재개발
이 종묘의 문화유산 가치를 훼손할 수 있다는 지적이 제기되
었습니다.

이 문제를 들고나온 쪽은 유네스코의 공식 자문 기구인 이
코모스ICOMOS였습니다. '세운재정비촉진지구를 너무 높게
개발하면 종묘의 문화적, 역사적 경관을 해칠 수 있다'라는
것이 이코모스가 내보인 문제의식이었습니다. 이코모스 본부
사무총장이 세운재정비촉진지구를 직접 찾아 실사할 정도로
이 문제에 큰 관심을 보였습니다. 이코모스는 세계유산으로
등재할 만한 문화재를 선별하고 유네스코에 추천하는 기관이

어서, 서울시는 이들의 우려를 경청하지 않을 수 없었습니다 (서울특별시도심재정비1담당관, 2009).

이 사건을 계기로 문화재청이 세운4구역 재개발에 개입하기 시작했습니다. 공사 일정은 점점 더 지연됐고, 일부 토지주들은 건축물 높이를 낮추면 사업성이 떨어진다며 반발했습니다. 결국 2014년까지 문화재위원회를 12차례 열어 심의한 결과, 세운4구역 내 건축물 최고 높이는 애초 서울시가 계획했던 122미터에서 87미터로, 또 75미터로, 다시 72미터로 점차 낮아졌습니다. 장차 세운4구역에는 이 기준에 맞춰 설계한 건축물이 들어설 예정입니다. 세운4구역 사업을 지휘한 서울주택도시공사는 문화재 심의가 진행되는 동안 매달 수억 원의 이자 등 금융 비용을 허공에 날렸습니다. 서울시는 문화유산의 가치와 재개발의 사업성이 충돌하는 과정에서 얻은 뼈저린 교훈을 나중에 정책 기조에 새겼습니다.

> 세계문화유산의 보호 및 관리는 탁월한 보편적 가치는 물론이고 등재 당시의 완전성 및 진정성의 수준이 추후에도 유지 또는 향상되도록 보장해야 한다. 종묘 내부에서 외부 시가지로의 조망은 유교 사당으로서 엄숙함을 유지해야 하는 종묘의 완전성과 진정성 유지에 매우 중요한 사항

이다. 따라서 세계문화유산 등재 당시의 훼손되지 않은 조망이 유지·보호될 수 있도록 세운재정비촉진지구의 개발에 대한 높이 관리가 필요하다.

_ 김기호·임희지 외, 「역사도심 기본계획 본보고서 2」, 서울특별시, 2015, 207쪽

하지만 과연 서울시가 이렇게 값비싼 대가를 치르고도 종묘의 역사적 경관을 지켜내려는 노력을 다했는지는 의문입니다.

지금 종묘 입구에서 세운재정비촉진지구 쪽을 바라보면, 27층 아파트 두 채가 나란히 서서 종묘를 내려다보고 있습니다. 이 아파트는 세운3구역에 있습니다. 청계천 공구상 홍씨가 천막 농성을 하며 재개발을 저지하고자 했던, 하룻밤 새 가게를 철거당한 그의 동료 상인들이 영업했던 그 자리입니다. 문화재청은 세운4구역보다 종묘에서 멀리 떨어져 있다는 이유로 세운3구역에 대해서는 엄격한 심의 절차를 거치지 않았습니다(구경하 2019). 서울시도 세운재정비촉진지구 내 건축물 높이 기준인 90미터를 준수하는 것 이상으로 개입한 흔적이 없습니다. 그 결과, 우리는 '엄숙한 유교 사당' 종묘를 나오자마자 거대하고 투박한 콘크리트 구조물과 맞닥

뜨리게 되었습니다. 심지어 종묘 안에서도 이 아파트의 머리 부분이 시야에 걸립니다.

그런데도 서울시는 종묘의 경관을 '침해'하는 걸 넘어 '지배'하는 세운재정비촉진지구를 만들고자 합니다. 세운재정비촉진지구가 현재 침체된 상태를 벗어나려면, 공공이 선제적으로 활발한 재개발을 이끌 가이드라인을 제시해야 한다는 취지입니다(서울특별시 2022). 서울시는 촉진책 중 하나로, 세운재정비촉진지구의 건축물 높이 기준을 90미터에서 160미터로 대폭 올리려고 합니다.* '역사 경관 보호'라는 재개발의 걸림돌을 아예 치워버리고, 오히려 종묘를 압도하는 초고층 구조물을 허용하겠다는 것입니다. 문화유산의 가치를 보호하지는 못할망정 오히려 해치는 가이드라인을 제시하는 것이 과연 공공의 역할이라고 할 수 있을까요?

비슷한 상황이 한양도성을 두고도 벌어졌습니다. 서울시는 2009년 한양도성을 유네스코 세계문화유산에 등재하겠다고

---

* 서울시 균형발전본부는 오세훈 서울시장 등이 2022년 10월 23일 리브 고슈를 방문했을 때 "을지로 중심상업지구는 현재 최대 높이 90미터 이하만 허용하지만, 용도를 상향해 160미터 이상 건물을 세울 수 있도록 추진하겠다"(중앙일보 2022)라고 밝혔다. 서울시는 2022년 5월 23일에는 오 시장이 최응천 문화재청장을 5월 12일에 만나 문화재 인근에 고층 건물을 지을 수 있도록 관련 제도 변경을 건의했다고 밝혔다(연합뉴스 2022).

발표하고, 성문·성곽을 복원하는 등 완전성 확보에 심혈을 기울였습니다. 현재 '문화재보호법' 등 여러 법률이 한양도성의 역사적 경관을 보존하기 위해 성곽 주변 건축물 높이도 촘촘하게 규제합니다.* 낙산 구간 아래 창신동, 남산 구간 아래 다산동이 그런 규제가 적용되는 지역입니다. 고층 아파트로 재개발하기를 원하는 주민이 있지만, 지금까지는 서울 시민 모두가 향유하는 문화유산의 가치를 더 존중해 규제를 유지했습니다. 문화재청은 2023년 4월 한양도성을 세계유산 등재 신청 후보로 올렸습니다.

하지만 서울시의 행보는 오락가락합니다. 세계문화유산 등재 작업을 진행하면서도, 남산 주변 건축물 높이 제한선을 높이는 방안 역시 추진 중입니다.** 이미 창신동·다산동 등은

---

* '문화재보호법'에 따라 한양도성은 성곽 경계로부터 50미터 이내 지역이 '문화재 보호구역'으로 지정되어 있다. 또, '서울특별시 문화재 보호 조례'에 따라 성곽 경계로부터 100미터 이내 지역이 '역사문화환경 보존지역'으로 지정되어 있다. 해당 구역에서는 건설공사 시 인허가 담당 지자체가 공사가 문화재에 미칠 영향을 검토해야 한다.
** 이 방안은 서울시가 2023년 6월 30일 발표한 '신新 고도지구 구상'에 구체적으로 담겼다. 서울시는 남산 조망에 미칠 영향 등을 종합적으로 검토한다는 전제를 붙이긴 했으나, 현재 12미터 혹은 20미터로 설정된 고도 제한을 최고 40미터까지 완화한다는 방침을 밝혔다. 40미터까지 완화할 경우 남산 자락에도 12~13층 높이 아파트가 들어설 수 있게 된다. 북한산 주변 지역

1980~1990년대 주거환경개선사업을 하면서 3~4층으로 제한했던 건물을 4~5층으로 높일 수 있게 허용해 한양도성과 남산의 경관을 상당히 해쳤다는 지적을 받은 바 있습니다. 그런데 이제는 아예 고층 아파트로의 재개발도 가능하게 규제를 풀겠다는 것입니다. 남산과 낙산의 성곽길을 지나며 볼 수 있는 풍경이 겹겹 아파트로 된 콘크리트 병풍이라면 과연 어떨까요. 서울시가 스스로 세계문화유산으로서의 잠재적 가치를 포기하는 것과 다르지 않습니다. 우리에게는 1990년대 초 시민의 뜻을 모아 남산 중턱의 '외인아파트'를 폭파하면서까지 고유의 역사문화 경관을 지키려고 애썼던 기억이 있습니다. 당시 정부는 대대적으로 '남산 제 모습 찾기' 운동을 펼쳤습니다.* 왜 지금은 우리가 걸어온 길을 스스로 부정하려는 걸까요?

에서는 최고 15층(45미터)까지 더 완화하는 방안을 제시했다. 오세훈 서울시장은 "경관을 그대로 보존하되 지나치게 규제가 된 부분은 이번 기회에 풀리는 것으로 이해해주면 좋겠다"라고 밝혔다(서울특별시 2023).

* 1991년 당시 정부는 남산 주변의 아파트와 군부 독재 시절 유산을 철거하는 '남산 제모습 찾기' 사업을 벌였다. 남산 기슭 주거지의 건물 높이를 한양도성 성곽 높이 아래로 제한하거나, 남산 주변 도심지에서 건물을 지을 때 남산 조망을 가리지 않도록 하는 규제를 설계했다. 당시 정부는 남산 주변에 살거나 일하는 시민이 참여하는 '100인 시민위원회'를 조직해 이러한 활동을 장려했다.

파리·뉴욕·도쿄에서 말하지 않는 것

우리 도시의 행정가들은 이렇게 문화유산을 위협하는 정책을 설계할 때, 이를 뒷받침하는 막강한 근거로 종종 해외 도시를 동원합니다. 세계적 도시의 선진 사례를 들어 우리가 무엇을 배우고 뒤따라야 하는지 선전하는 겁니다. 최근 이러한 주장들은 우리를 프랑스 파리의 리브 고슈Rive Gauche, 미국 뉴욕의 허드슨 야드Hudson Yards, 일본 도쿄의 마루노우치丸の内로 데려갑니다.* 그러고는 이 도시들이 과감한 재개발로 상전벽해를 이뤘다며 그 비결을 설명하는데, 이는 하나같이 건축물 높이와 용적률 같은 도시 규제를 어떻게 풀어 도시를 고층화·고밀화했는지에 관한 내용입니다.

이들이 전하는 '도시의 성공 신화'를 들여다보면, 리브 고슈는 건축물 높이 제한을 화끈하게 풀어 재창조한 곳입니다. 이 도시는 화물열차 역사와 공장이 밀집한 지역으로 한때 번성했지만, 1960년대부터 공업이 쇠락하면서 1980년대까지 거의 폐허 상태로 버려졌습니다. 하지만 건물 높이 제한을 37미터에서 137미터로 올리는 적극적인 규제 완화를 시행하자,

---

* 서울시 혹은 언론이 세운재정비촉진지구의 재개발 모델로 주로 꼽은 지역을 인용했다(서울특별시 2022, 박승희 2022, 최은경 외 2020).

©wikipedia

허드슨 야드의 야경

리브 고슈는 주거·업무 시설과 공원이 어우러진 신도심으로
다시 태어났습니다.

맨해튼의 허드슨 야드도 마찬가지입니다. 뉴욕시는 1990년
대까지만 해도 허드슨 야드의 슬럼화 때문에 골머리를 앓았습
니다. 허드슨 야드는 19세기 중반에 건설해 이제는 활력이 사
라진 철도차량 기지와 공장, 자동차 정비소만 가득한 곳이었
습니다. 그런데 건축물의 용적률을 3300퍼센트까지 허용하는
파격적인 조치를 시행하자, 허드슨 야드가 한순간에 초고층

도시로 거듭나면서 뉴욕의 새로운 역사를 쓰고 있습니다.

마루노우치는 또 어떤가요? 일왕의 거처인 고쿄(황거皇居)와 도쿄역 사이에 있는 이 지역은 건물 높이를 불과 31미터로 제한하는 이른바 '100척 규제'에 묶여 2000년대 초반까지 쇠퇴 일로를 걸었습니다. '황혼의 마루노우치'(『조선일보』 2020)라는 말까지 생겼다고 합니다. 하지만 건물 높이를 150미터까지 높일 수 있게 규제를 풀고, 다른 대지끼리 용적률을 교환할 수 있는 공중권 제도를 도입하면서 마루노우치는 도쿄의 '비즈니스 중심지'로 거듭났습니다.

이런 이야기를 들으면, 마치 높이와 용적률은 그 위에 덮인 뚜껑을 열어 자유롭게 풀어주면 바라던 미래를 발 앞에 가져다놓는 '지니의 요술 램프' 같습니다. 신화는 「137미터 고층화로 성공한 '파리 리브 고슈'를 가다⋯세운지구 '40층' 올린다」「천지개벽 중인 세운지구⋯'한국판 허드슨야드'로 위상 높아질까」「하늘 찌르자, 도쿄 도심 살아났고⋯90미터 고도 제한에, 서울은 시들어간다」따위로 재생산됩니다.

물론 해외 도시의 발전상을 입맛대로 편집해 제시하며 세운재정비촉진지구, 나아가 서울의 미래상을 그리는 이유를 전혀 이해 못 할 바는 아닙니다. 세운재정비촉진지구의 현재 모습이 보기에 썩 만족스럽지 않을 수는 있습니다. 40년이 넘은 건물이 열 채에 여덟, 아홉 채는 될 정도로 무척 낙후한 곳입니다. 거리는 지저분하고 위험해 보일 뿐만 아니라, 금속을 깎을 때 나는 소음이 종일 울려 퍼집니다. 하늘을 향해 매끈하게 뻗은 마천루와 그 주변을 정갈한 녹지로 채운 도시를 그려보면, 그토록 볼품없는 세운재정비촉진지구를 왜 내버려두는지 의문이 드는 것도 당연합니다.

하지만 유감스럽게도 이 같은 서사는 아주 많은 맥락을 제거한 단순화, 규제 완화에 대한 맹목적 신성화에 지나지 않습니다. 이 신화를 서울, 특히 세운재정비촉진지구에 그대로 적용할 수는 없습니다. 세운재정비촉진지구는 개발 전의 리브 고슈나 허드슨 야드 같은 철도 용지 혹은 폐공장 지대가 아니라, 여전히 2만 명이 일하는 도심 제조업 지대입니다. 애당초 이렇다 할 생명력이 없었던 지역과 세운재정비촉진지구처럼 산업이 살아 있는 지역을 다루는 방식은 마땅히 달라야 합니다.

재개발은 옛것과 새것의 공존을 추구하는 과정이 될 수 있습니다. 리브 고슈에서는 폐업한 제분소 건물을 리모델링해 파리7대학 건물로 바꾸었는데, 지금도 제분소 시절의 이름인 '그랑 물랭Grand Moulin'을 내걸고 있습니다. 옛 철도청 건물은 청년 기업가들의 '인큐베이터'로 재생했습니다. 버려진 철도 고가를 공중 정원으로 재생한 '하이 라인The High Line'은 허드슨 야드로 사람들을 이끄는 역할을 톡톡히 해냅니다.

마루노우치는 멀리서 보면 100미터를 훌쩍 넘기는 스카이라인만 눈에 들어올지도 모릅니다. 하지만 가까이에서 보면 마루노우치의 마천루를 여전히 100척 높이의 근대 건축물이 떠받치고 있다는 사실을 알 수 있습니다. 이렇게 공존을 중시하는 분위기에서 고풍스러운 붉은 벽돌 건물인 도쿄역사도 복원될 수 있었습니다.

마루노우치에서는 이런 식으로 옛 거리의 경관을 보존하면서, 새 고층 건물의 경관을 절충하도록 한 지침을 운용했다는 사실도 중요합니다. 지방 정부·공기업 등 공공 부문과 토지주 등 민간 부문이 1988년부터 재개발계획추진협의회, 마치즈쿠리(마을 만들기) 간담회 등 민관 협력 조직Public Private Partnership을 운영했고, 오랜 연구와 토론을 거쳐 이런 지침을 만들어 적용하고 있습니다.

이처럼 각종 규제 완화와 그것이 가져온 단편적 결과에 대해서만 말할 게 아니라, 10~20년에 걸친 재개발 과정에서 공적 부문이 적극적으로 관여했던 조정과 타협, 치밀한 구상에 관해서도 이야기해야 합니다. 리브 고슈와 허드슨 야드 재개발 역시 파리개발공사Société d'Étude, de Maitrise d'Ouvrage et d'Aménagement Parisienne와 허드슨야드개발공사Hudson Yards Development Corporation 등 공적 개발 주체가 시행했습니다. 이들은 행정·건축·도시·주거 등 여러 분야 전문가들이 모인 조직으로, 재개발을 촉진하면서도 원주민의 의견 수렴, 세입자 이주 문제에 대응하는 공적 역할을 담당했습니다.

이제 도시의 성공 신화를 설파할 때, 이런 이야기도 좀 넣어 주면 어떨까 싶습니다. 그럼 민간 사업자가 공구상 300여 명을 하루아침에 쫓아내는 재개발과는 다른 길을 찾게 되지 않을까요? 세운재정비촉진지구의 저층 제조업 공장과 세련된 고층 건물이 어우러질 가능성을 상상하지 않을까요? 종묘와 한양도성 같은 문화유산의 가치를 엄격히 수호해야 한다는 데 공감대를 형성하지 않을까요?

누군가 보기에는 참을 수 없을 만큼 못생긴 구도심과 산동네의 풍경, 거기에는 그 나름의 복잡한 맥락이 존재합니다. 공공의 책무는 그 맥락을 최대한 존중하며 문제를 풀어가는 법을 설계하는 것이지, 앞장서 맥락을 무시하고 파괴하라고 선동하는 것이 아닙니다. 도시는 백지가 아닙니다.

'힙지로'의
교훈

세운재정비촉진지구를 함부로 건드릴 수 없는 여러 이유를 들면, 누군가는 "그럼 아무것도 하지 말자는 것이냐"라고 되묻습니다. 다소 거칠게 답하면, 그렇습니다. 뭔가 하겠다는 일이 2009년의 세운재정비촉진계획처럼 도시에 깔린 수많은 맥락을 무시하고 폭력적으로 뒤엎겠다는 방식이라면 정말 아무것도 하지 않는 게 오히려 낫습니다. 혹시 가만히 두는 게 무책임한 수수방관, 심지어 직무 유기가 되지는 않을까 하는 걱정은 그냥 접어둬도 좋습니다. 설령 내버려두더라도 도시는 제자리에 머무르지 않습니다. 세운재정비촉진지구는 딱히 어떠한 개입 없이도 산업화 시대 대표 부품·자재 공급처, 전자기기 유통과 제조·수리의 중심지로 변해왔듯이 지금 스스로 진화, 발전하고 있습니다. 지금은 '힙지로'*라는 말이 그 변화를 증명합니다.

낡은 공간의 힘

세운상가 3층에는 건물 양쪽으로 날개처럼 달린 '공중보행로'가 있습니다. 마치 주택의 발코니처럼 길게 뻗은 구조물입니다. 건축가 김수근(1931~1986)은 세운상가를 설계할 때, 이러한 공중보행로를 세운상가뿐만 아니라 남쪽으로 이어지는 청계·대림·삼풍·풍전·신성·진양상가에도 설치하고자 했습니다. 이곳을 찾는 시민들에게 종묘부터 남산까지 차량의 방해를 전혀 받지 않고 걷는 경험을 선사하고 싶었던 것입니다.

하지만 각 상가를 서로 다른 건설사가 시공하면서, 일부 구간에는 공중보행로가 연결되지 않아 김수근의 꿈은 현실이 되지 못했습니다. 또, 2003~2005년 청계천 복원 당시엔 청계천 위 공중보행로를, 2006년에는 삼풍·풍전상가를 지나는 공중보행로를 철거했습니다. '공중보행로'라고 부르기에도 민망할 정도로 상가의 상인들은 이곳을 재고를 쌓아놓는

---

* '힙스터hipster'의 '힙'과 청계천과 세운재정비촉진지구 일대를 가리키는 '을지로'를 합친 말이다. 힙스터는 고유의 문화나 삶의 양식을 고수하며 오히려 유행을 선도하는 사람을 가리킨다.

세운상가군의 공중보행로에서는 도심 제조·유통업소와 카페 등
청년들이 즐겨찾는 업종이 뒤섞인 풍경을 볼 수 있다.

창고 비슷하게 쓴 지 오래였습니다. 하지만 2015년 서울시는 세운상가 재생사업을 시작하면서 김수근의 꿈을 반세기 만에 되살렸습니다. 공중보행로가 끊긴 청계천, 삼풍·풍전상가 구간을 다시 연결했고, 2022년 말 개통해 이제는 사람들이 자유롭게 다닐 수 있게 되었습니다.

지금 세운·청계·대림상가를 잇는 공중보행로 350미터 구간에서는 독특한 풍경이 펼쳐집니다. 보행로변에 늘어선 점포를 보면, 음향기기 수리업체와 철학 전문 책방, 고무·실리콘 패킹업체와 카페, 조명·전자기기 판매업체와 갤러리가 교차합니다. 언뜻 보기에 '도심 제조업 지대'에는 어울리지 않을 것 같은 꽃집도 있고, 신발가게도 있고, 영화 관련 편집숍도 있습니다.

이렇게 새것과 오래된 것, 먹고살기 위한 것과 즐기기 위한 것이 뒤섞인 풍경에서 '힙지로'라는 말이 나왔습니다. 세운상가뿐만 아니라 세운재정비촉진지구에 있는 수천 개의 제조업체 사이를 청년들이 즐겨 찾는 카페, 음식점, 서점, 잡화점이 파고들면서 을지로 일대는 언젠가부터 힙지로라고 불리기 시작했습니다. 이제는 '힙'이라는 말을 붙이기가 오히려 겸연쩍을 정도로 이 혼종의 풍경은 서울의 익숙한 일부분이 되었습니다. 세운·청계·대림상가를 조사한 결과를 보면, 2016~2020년 5년 동안 새로 입주한 점포는 8개에서 94개로

늘었습니다. 카페, 음식점, 갤러리, 잡화점 등 기존 세운재정
비촉진지구의 성격과는 다르면서 비교적 젊은 창업자들이 이
끄는 업종이 절반을 넘습니다(길현기·구자훈 2021).

이들은 왜 하필 세운재정비촉진지구에 자리를 잡았을까요?
물론 이곳 전반에 흐르는 '빈티지'하거나 '레트로'한 감성을
빼놓을 수 없습니다. 반백 살 넘은 세운상가와 그 일대 건물
들은 매우 낡았지만, 한편으로는 카페나 음식점을 열기에 매
력적인 외관이 되기도 합니다.

다만 그것이 전부는 아닙니다. 비교적 저렴한 임대료도 창
업 공간을 찾아 헤매는 청년들의 발걸음을 붙잡았습니다. 세
운상가 내 점포의 한 달 임대료는 30만~40만 원 수준, 목이
좋은 곳을 봐도 50만~60만 원 정도입니다. 서울 도심부에
있으면서, 걸어서 5분 거리 안에 지하철 환승역이 3곳(종로3
가역, 을지로3가역, 을지로4가역)이나 있는 입지치고는 임대료가
낮은 편입니다. 세운재정비촉진지구의 낙후한 환경이 밑천
이 부족한 청년들을 이끈 셈입니다.*

산업 생태계의 계승자들

세운재정비촉진지구의 제조업 역시 새로운 세대의 유입과 함
께 진화, 발전 중입니다. 다시 세운상가군의 공중보행로에 올

라가보면, 보행로 바깥쪽으로 길게 쭉 늘어선 컨테이너를 볼 수 있습니다. 서울시가 시세보다 저렴하게 제공하는 '세운메이커스큐브'라고 부르는 청년 창업 공간입니다. 이 공간을 거점 삼아 세운재정비촉진지구의 특성에 맞춰 제조업에 뛰어든 청년도 있고, 디자인 회사를 창업한 청년도 있습니다.

서울시는 세운재정비촉진지구 산업 생태계의 잠재력에 주목해 '메이커 시티Maker City'를 내걸고 재생사업을 펼쳤습니다. 제조업자들을 '장인'이라고 호명하며, 세월이 흘러 세운상가의 위상은 추락했지만, 그들의 기술력만큼은 이대로 사라져서는 안 될 소중한 유산이라는 지위를 부여하고자 했습니다. 이러한 취지에 공감하고, 세운재정비촉진지구의 산업 생태계가 필요한 청년들을 유치한 공간이 바로 세운메이커스큐브입니다. 나이 든 숙련 장인의 기술력과 청년 디자이너 및

---

* 세운재정비촉진지구의 입지가 탁월한 만큼 전반적인 임대료가 서울의 여느 지역과 비교해 저렴하다고 할 수는 없다. 관련 보고서(강우원 외 2020)를 보면, 세운재정비촉진지구 내 제조·인쇄·도소매 업체 모두 '입지 장소의 불편한 점'으로 '고가의 임대료'를 가장 많이 꼽았다. 세운상가는 도로나 공중보행로에 접한 층을 제외하면 접근성이 낮은 구조여서 임대료가 비교적 싼 것으로 보인다. 다만 세운재정비촉진지구의 건물들이 심각하게 낡아서 임대료가 실제 이상으로 더 비싸게 느껴질 가능성도 있다. 1980년대 이후 꾸준히 재개발 계획이 나오면서, 토지주들이 건물 등 시설 개선에 투자하기를 꺼렸기 때문이다.

엔지니어의 아이디어가 결합한 스피커 등의 제품도 탄생했습니다. 그 성과물을 전시하고 판매하는 '도시기술장' 행사를 여는 날에는 공중보행로에 다양한 세대의 사람들이 북적이는 풍경을 볼 수 있었습니다.

> 재생사업 초반에는 문화예술, 식음료 업종과 같은 새로운 업종들이 입주했다면 시간이 지날수록 기존 산업과 유사하거나 지원하는 디자인, 도소매 업종이 입주한 것을 보면 새로운 업종과 기존 업종이 공존하면서 새로운 네트워크가 형성되고 있다고 판단할 수 있겠다.
>
> _ 길현기·구자훈, 「도시재생사업의 신규입주업체 유형별 특성 및 거점시설 만족도의 영향요인에 대한 연구」, 『서울도시연구』 제22권 제3호, 2021, 50쪽

2021년 세운메이커스큐브에 입주한 청년 창업가 전씨도 세운재정비촉진지구 제조업의 명맥을 잇는 사람 중 한 명입니다. 그의 사업장인 '앵커랩'은 시계를 수리하고 복원하는 곳입니다. 전씨는 대학원을 다닐 때 냉면 맛집을 찾아 예지동 시계골목에 들렀다가 "제 눈에는 그저 쓰레기처럼 보이는데, 고장 난 시계를 너무너무 정성스럽게 고치는 사람들을 보고"

시계와 인연을 맺었습니다.

　전씨는 시계처럼 아직 문화재라고 할 수는 없지만, 한 시대의 기술력을 응축한 제품을 마땅히 다음 세대로 전승해야 한다고 생각합니다. 어느 날 시계와 시계골목이 궁금하다고 나타난 청년에게 예지동의 노쇠한 기술자들은 쉽게 곁을 내주지 않았습니다. 하지만 학원과 공부 모임에서 꾸준히 배운 결과, 지금 전씨와 동료들은 예지동 시계 기술자들과 당당한 협업관계를 형성하는 데 이르렀습니다. 그는 시계를 매개체로, 세운재정비촉진지구의 과거, 현재, 미래를 잇는 사람입니다. 전씨가 '선생님들'이라고 부르는 기술자들의 기술자본은 전씨 같은 청년들을 거쳐 하나의 문화자본으로 승화해 다음 세대로 이어질 수 있습니다. 전씨는 "세상에서 가장 작은 기계인 시계는 우리가 하는 모든 일의 원천"이라고 믿습니다. 이제 시계를 넘어 TV와 라디오 같은 다른 산업 유산을 전승하는 작업에도 시야를 넓히고 있습니다.

긍정할 수만은 없는 변화

세운재정비촉진지구의 제조업 기술자와 청년 창업자가 서로 연결되어 이곳의 산업 생태계에 진화가 일어났다면, 그 진화는 다시 낙후한 세운재정비촉진지구에 활력을 불어넣고 있습

세운재정비촉진지구 내 시중은행 폐지점을 리모델링한 '하트원'.

니다. 비록 2009년의 세운재정비촉진계획처럼 낡은 외관을 일거에 바꾸겠다는 포부는 보이지 않지만, 세운재정비촉진지구 곳곳에서는 분명히 변화가 나타나고 있습니다.

대림상가 남측으로 빠져나와 을지로4가역 방향으로 걸으면, 조명·타일 가게 몇 군데를 지나 근사한 건축물 하나를 만나게 됩니다. 원래 좁고 가느다란 창문이 책이 가득 꽂힌 책장처럼 둘러싸고 있어, 근대 건축 유산 특유의 느낌을 물씬 풍겼던 건축물입니다. 2022년 말, 보는 각도에 따라 반사된

빛의 색채가 다른 유리를 덧붙여 리모델링하면서 누적된 시간을 고루 느낄 수 있는 건축물로 재탄생했습니다. 을지로가 힙지로가 되기까지 함께 나이를 먹은 건축물이라는 걸 한눈에 알 수 있습니다.

이 건축물은 1968년에 지어졌습니다. 2022년 3월까지 유명 은행의 지점으로 쓰이다가 폐쇄된 뒤, 그해 11월 미술품 전시관을 갖춘 복합문화공간 '하트원H.art1'으로 거듭났습니다. 은행 소장 미술품 3000여 점 중 일부를 번갈아 전시하는 공간이자, 미술품 매입·투자를 담당하는 이른바 '아트 뱅킹 Art Banking'의 거점입니다. 일개 지점으로서는 그 효용을 다했지만, 다른 가능성을 보고 건물을 되살린 것입니다. 이러한 구상이 가능한 배경에는 물론 힙지로의 정체성이 있습니다. 이 은행 역시 이곳을 "'힙지로'의 감성을 살린 문화예술 공간"(『하나원큐M』 2022)이라고 설명합니다.

세운재정비촉진지구에는 언제 실현될지 알 수 없는 초대형 재개발 계획만 바라보지 않고, 이런 식으로 능동적 변화를 택하는 소유주들이 있습니다. 하트원 맞은편에 있는 '을지트윈타워'는 2020년 문을 열어 대기업 건설사와 카드사의 본사가 입주하면서, 이곳에서 일하는 직장인만으로도 근방에 2500명이 넘는 유동 인구를 발생시켰습니다. 세운재정비촉진지구의 탁월한 입지를 생각하면 이러한 거점은 앞으로 얼마든지 더 생길 수 있습니다. 세운·청계·대림상가 3층 공중보행로에 젊은 감각의 가게가 많이 입주한 것 역시 상가관리단이 카페 등 식음료 업종을 유치하기 위해 수도 설비 등 환경을 개선하는 데 적극적으로 나섰기에 가능했습니다. 세운상가군에서 형성된 이 같은 흐름은 주변으로 번져나가 청계천 주변 건물 중에도 세련되게 옷을 갈아입는 곳이 생겨났습니다.

하지만 모두가 '힙지로'를 긍정하지는 않습니다. 을지로의 원주민이라고 할 제조업자 중에는 달라진 환경에 양면적인 감정을 느끼는 사람들이 있습니다. 청계천 공구상 홍씨도 그런 사람 중 한 명입니다. 홍씨는 가게 근처 노가리 골목을 가리켜 "복고풍이랍시고 서울 미래 유산을 만들어놨지만, 을지로·청계천의 진짜 정체성은 산업 생태계 아닌가요?"라고 목소리를 높였습니다. 그도 그럴 것이, 노가리 골목이 이른바 '핫플'로 뜨면서 주변 공구상의 점포 임대료도 덩달아 뛰었기 때문입니다. 세운재정비촉진지구 어디에서나 비슷한 현상이 일어났고, 상권이 뜨면 도리어 원주민이 떠나는 젠트리피케이션이 나타날 우려가 커졌습니다.

세운재정비촉진지구에는 한때 '한 번에 쫓아내면 재개발, 한 명씩 쫓아내면 도시재생'이라는 말이 떠돌았습니다. 서울시가 세운상가 재생사업을 시작하자 세운재정비촉진지구 일대의 상공업자들은 이제 전면 철거형 재개발의 위협에서 벗어나겠다고 기대했는데, 세운3구역의 공구상이 내몰린 것처럼 재개발은 끊이지 않았습니다. 을지트윈타워 또한 2014~2019년 조명 기기 판매업체와 인쇄업체를 몰아내고 재개발한 결과입니다. 37년 된 노포 을지면옥도 사라졌고, 한국전쟁 이전부터 세운 땅을 지켜온 근현대건축자산 대진정밀 건물도 무너졌습니다.* 예지동 시계골목은 아예 흔적도 남지 않고 파괴되었습니다. 현재 겨우 남은 장소들도 언제 어떻게 사라질지 모릅니다. 세운재정비촉진지구의 낡은 구조물을 오랜 세월 둥지로 삼았던 사람들, 산업 생태계를 이뤘던 사람들도 점차 사라져갑니다.

---

* 서울시 근현대건축자산은 지정·등록문화재는 아니지만, 역사적 의미가 중요해 외관·구조·내부 등 보존·관리가 필요한 건축물을 말한다(김기호·임희지 외 2015). 서울 중구 입정동 105번지 대진정밀 건물은 1947년 건설된 것으로 추정되며, 세운3-2구역 재개발 사업에 포함되어 2022년 3월 철거되었다. 입면을 구성한 벽돌 등 자재는 현재 민간 업체가 보존 중이며, 새 건물이 들어서면 저층부에 입면만 재현할 예정인 것으로 알려졌다(이상현 2022).

'종삼'이라 불리던 곳

'서울의 실리콘밸리' 혹은 '서울의 아키하바라'.

세운상가의 본모습은 이 중 어느 쪽에 가까울까요? 1990년대 삼보컴퓨터, 한글과컴퓨터, 코맥스 같은 초기 벤처기업들이 태동한 공간이니 실리콘밸리라고 불러도 전혀 어색하지 않습니다. 불법 복제한 소프트웨어나 포르노 등 B급 문화, 도청·도촬 등 불법적 장비가 유통되는 장소였으니 아키하바라라고도 할 만합니다. 이렇듯 세운상가는 신산업과 신기술이 시작된 현장이라는 찬사도 들었지만, 어두운 욕망을 배설하는 장소라고 손가락질도 받았습니다. 세운상가는 한국 근현대사의 무대에 이끌려 나온 순간부터 영욕의 역사에 휘말렸습니다.

조선시대에 지금의 세운상가 주변은 왕조가 신성시하는 신전인 종묘 앞 고을이었지만, 별다른 특색은 없는 민가였습니다. 역사에 이렇다 할 기록이 남지 않은 이곳의 운명은 20세기 초 제국주의 일본이 식민 지배의 야욕을 불태우며 일으킨 태평양전쟁으로 말미암아 급격히 달라지기 시작했습니다.

일제는 전쟁 초반 진주만 공습에 성공하며 금방이라도 승리를 거둘 듯했지만, 곧 미국의 반격이 거세지며 전세가 점점 불리하게 돌아가기 시작했습니다. 1944년, 급기야 제주와 부산에도 미군의 전투기가 출현하자 일제는 서울에 방공망을 짤 필요성을 절감했습니다. 조선총독부는 1945년 3월 '한반도 도시소개대망'을 발표했는데, 이는 공중 폭격으로 일어난 화재가 번지는 사태를 막으려고 일부러 빈터를 조성하는 계획이었습니다. 지금의 원효로, 율곡로 등과 함께 세운상가 자리도 그 대상지가 되었습니다. 폭 50미터, 길이 1.2킬로미터 안에 민가를 모두 철거하고 공지를 만들었습니다. 하지만 서울이 폭격을 당하기도 전에 전쟁은 끝났습니다.

주인이 사라진 공지가 누군가에게는 아주 절실하게 필요한 공간이었습니다. 한국전쟁을 거치며 발생한 수많은 피란민과 빈민이 이 땅에 모여들어 움막 같은 집을 짓고 살았습니다. 넝마주이나 날품팔이를 하며 생계를 잇는 사람이 많았고, 심지어 몸을 파는 사람들도 있었습니다. 그 시절 '종로3가'를 줄

세운상가가 들어선 이후의 모습을 찍은 항공사진

인 '종삼'이라는 말은 사창가를 가리키는 대표적 은어로 통했습니다.

'불도저' 김현옥 서울시장은 종삼을 이대로 내버려둘 수 없었습니다. 1966년 이른바 '나비작전'을 실시해 무허가 건물과 거주민을 몰아내고, 사창가는 미아리로 옮겼습니다. 이렇게 터를 닦자 개발 계획은 일사천리로 진행되어 김 시장은 그해 9월에 열린 기공식에서 '세계의 기운이 이곳에 모일 것을 기원하다'라는 뜻을 담아 '세운상가'라는 휘호를 남깁니다. 세운상가가 처음으로 역사에 등장한 순간입니다.

세운상가는 종로에서 퇴계로까지 이어지는 8개 상가를 통틀어 이르는 말입니다. '1세대 건축가' 김수근이 '입체 도시' 개념을 적용해 설계한 것으로 알려져 있습니다.* 콘크리트 인공 대지를 만들어 아래로는 자동차가, 위로는 사람이 다닌다는 구상입니다. 자동차로부터 해방된 인공 대지에는 광장, 정원, 놀이터를 삽입하고 가로로 연결해, 그 자체로 하나의 완결된 도시를 꿈꿨습니다. 8개 상가는 1972년까지 차례대로 지어졌

---

* 이와 다른 증언도 있다. 세운상가 건설 당시 서울시 부시장이었던 차일석의 회고에 따르면, 대통령 박정희의 지시로 김현옥과 함께 미국 버지니아 레스턴을 방문해 보차분리 아이디어를 얻었고, 귀국 직후 김수근을 만나 이를 전달했다고 한다(서울역사편찬원 2022).

고, 건설한 회사의 이름을 따 현대, 대림, 삼풍, 풍전 등의 이름이 붙었습니다. 세운상가는 한국 역사에서 차관이 아닌 민자 유치로 수행한 최초의 개발 사업이라는 기록을 썼습니다.

세운상가는 완공 직후 정말 '세계의 기운'을 누렸습니다. 2007개 점포·사무실에 입주 경쟁이 치열해, 국회의원들도 로비를 통해 사무실을 장만할 정도였습니다. 851세대의 아파트에는 교수와 연예인 등 상류층 인사가 살았습니다.

하지만 영광의 시간은 그리 오래가지 못했습니다. 1970년대에 한강 변에 현대, 한양, 삼익 등 새로운 부유층 아파트가 들어서 인기를 끌었습니다. 당시 군부정권은 안보와 인구 분산을 목적으로 강남 개발을 본격화하고 학교와 상권을 모두 옮기는 조치를 단행하면서, 강북에는 오히려 각종 규제를 강화했습니다. 서울의 중심축이 강남으로 이동한 것입니다. 그 사이 쇼핑의 중심지는 백화점이 들어선 명동이 대체했으며, 용산전자상가가 생기면서 전기·전자제품 상권도 이동했습니다. 세운상가군이 종묘에서 남산으로 이어지는 녹지축과 동 – 서를 잇는 교통축을 단절한 주범이자 추악한 도시 흉물로 비난받기 시작한 때도 이 무렵입니다.* 세운상가는 10년도 못

---

* 1970년대 서울시 도시계획국장 등을 지낸 손정목의 생각은 다르다. 그는 세운상가군이 녹지축을 끊었다는 주장에 대해 "결과론"이라며 "세운상가가 실제로 지어질 당시에는 아무도 이 녹지축의 연결을 거론한 사람이 없었다"라고 주장했다(손정목 2003).

가 세상의 기운을 다 소진해버린 듯 쇠락의 길을 걸었습니다.

하지만 세운상가가 고급 주거와 쇼핑센터로서의 명성을 잃었다고 해서 고유의 생명력까지 잃은 것은 아닙니다. 오히려 사회 지도층의 관심을 받은 시간은 아주 잠깐에 불과하며, '도심 제조업 지대'라는 정체성은 그 후에도 줄곧 살아 있었습니다. 그래서 1세대 벤처기업의 토대가 될 수 있었고, "세운상가 한 바퀴만 돌면 미사일은 물론 잠수함도 만들 수 있다"라는 말도 나왔습니다. 불법 복제 등의 범죄와 포르노 등의 문화적 일탈의 온상이라는 경멸에도 세운상가가 버틸 수 있었던 힘은 바로 기술력입니다. 오늘도 세운상가에는 어디에서도 진지하게 돌봐주지 않는 고장 난 기기를 기다리는 기술자들이 있습니다.

발걸음을
마치며

을지로가 이제는 힙지로가 되었듯, 도시의 공간은 시간과 함께 흐릅니다. 어제의 공간, 20세기 초의 서울이 오늘의 공간, 21세기 초의 서울과 같을 수 없습니다.

도시의 흐름에는 분명히 일정한 방향이 있습니다. 청계천 주변에 하꼬방과 노점상이, 다음에는 공구상과 철공소가, 최근에는 루프톱 카페와 갤러리가 모여들었듯, 도시는 대체로 복잡성이 커지는 방향으로 나아갑니다. 창신동이 토막촌, 판자촌, 빌라촌으로 바뀐 것처럼 공간을 무단으로 차지하고, 쫓겨나고, 다시 틈새를 비집고 들어가고……. 그러다가 마침내 자리 잡고 일시적이나마 도시의 구성원 자격을 얻기도 합니다.

한편에는 이런 도시의 복잡성을 억누르는 힘이 항상 존재했습니다. 그 힘은 깎고 다듬는 걸 넘어 아예 도시 일부분을 들어내 질서를 재조직하려고 합니다. 1934년에 시가지 근대화를 내세운 '조선시가지계획령'이 있었다면, 2006년에는 뉴타운 재개발을 내세운 '도시재정비 촉진을 위한 특별법'이 있었습니다.

도시의 복잡성을 재단하는 힘은 이렇게 도시에 '있어야 할 것'과 '있어서는 안 될 것'을 가르는 일을 끊임없이 반복합니다. 청계천을 고가도로로 덮어버리며 판잣집을 몰아냈고, 나중에는 고가도로를 도로 걷어내며 노점상을 몰아냈습니다. 종묘와 남산을 녹지축으로 이어야 한다며 세운상가군을 부수려고 했는데, 사실 세운상가군이 차지한 그 땅은 전쟁통에 모여든 민가를 부수고 만든 자리였습니다.

복잡성이 커지는 도시의 흐름과 이 흐름을 끊고 도시를 재구성하려는 힘의 대결은 보통 후자의 승리로 끝납니다. 도시가 복잡해지는 과정에서 필연적으로 발생하는 부산물—지저분함, 시끄러움, 낡음, 위험함 등—을 대개는 혐오하기 때문입니다. 청계천의 제조업이 수십 년간 도심 부적격 업체, 공해 업체라는 오명을 썼던 이유이기도 합니다. 법과 제도는 도시에서 이런 요소들을 제거하는 일을 뒷받침합니다. 홍씨의 동료 공구상이 세운재정비촉진지구의 일터에서 대거 쫓겨나올 때, 재개발 시행사는 토지주·건물주 75퍼센트의 동의만 얻으면 나머지 25퍼센트의 뜻과는 상관없이 철거 작업을 진행할 수 있었습니다.* 이 사업에 특별한 점이 있는 게 아니라, 모든 사업에 적용하는 제도가 그러합니다. 운동장은 이미 기울어 있습니다.

이 기울기를 조정할 주체는 보이지 않습니다. 지자체 등 공공 부문이 나름의 역할을 하기를 기대하지만, 세운재정비촉진지구를 돌이켜보면 남는 건 오히려 서울시나 종로구가 잊을 만하면 대규모 정비 계획을 꺼내들어 혼란과 불안을 부추겼다는 기억뿐입니다. 물론 여기에는 선출직 행정가의 개인적 욕망, 뚜렷하게 눈에 보일 업적을 남기고 싶어하는 욕망도 작용한다는 사실을 누구나 충분히 짐작할 수 있습니다. 2009년 세운재정비촉진지구를 혼란에 빠뜨린 녹지축은 이제 '녹지생태도심'**이라고 이름만 바꿔 부활했습니다.

불행히도 그런 개입은 도시의 발전을 재촉하기는커녕 오히

---

* 「도시 및 주거환경정비법」 제50조(사업시행계획인가)에 따라 토지 등 소유자 4분의 3 동의를 받으면 사업시행계획인가를 신청할 수 있다.
** 서울시가 2022년 10월 24일 발표한 지침으로, 세운재정비촉진지구를 포함한 종묘~퇴계로 일대에서 대지 면적의 35퍼센트 이상을 녹지로 조성하면 건축물 높이와 용적률을 더 키울 수 있게 허용하는 내용을 담았다. 2009년 세운재정비촉진계획에 담겼던 '녹지축' 계획을 되살렸다고 볼 수 있다.

려 정체시켰습니다. 개발 이익을 좇는 기대감이 헛되게 부풀고 꺼지기를 반복하는 사이, 세운재정비촉진지구는 점점 더 열악해졌습니다. 도심 입지의 장점을 제대로 살리지 못하고 임대료만 나날이 높아져가는 곳이 되었습니다. 재개발의 그날까지 이른바 '존버(투자금을 회수할 기회가 올 때까지 진득하게 버틴다는 뜻의 은어)' 상태를 고수하겠다는 심산인지, 많은 소유주가 임대료만 꼬박꼬박 들어오면 다른 것은 내 알 바 아니라는 듯 이곳을 방치했습니다. 제조업 기술자들은 금방이라도 무너질 듯 쩍쩍 금이 간 건물에서 일하고 있고, 일자리를 알아보러 세운재정비촉진지구를 찾아온 청년들은 도저히 쓰고 싶지 않은 화장실에 놀라 내뺍니다. 건물 보수·개조는 소유주가 감당할 몫이지만, 오랜 시간 그저 모른 척하니 임차인인 업체가 어쩔 수 없이 비용을 대는 경우도 심심찮게 볼 수 있습니다.

2만여 명이 생업을 꾸리는 지역의 문제를 다루면서, 그들을 마치 유령처럼 없는 존재인 양 취급하는 도시 행정. 대체 누구를, 무엇을 위해 존재하는 걸까요? 단숨에 도시를 뒤엎고 새롭게 시작할 수 있다는 환상과 이를 방조, 나아가 조장하는 공공이 힘을 합쳐 만든 도시의 현주소입니다.

못생긴 도시를 걸어보시라

누군가 이렇게 말했습니다. "세운상가 위에 올라가서 종로2가부터 동대문까지, 종로 - 청계천 - 을지로의 모습을 보면서 분노의 눈물을 흘렸습니다. 정말 참혹합니다."(서울특별시의회 2021) 당연히 그럴 수 있습니다. 그것이 바로 그가 선 위치에서 볼 수 있는 풍경의 전부였기 때문입니다. 건물 위에서 내려다본 세운재정비촉진지구는 조잡하고 촌스러운 파란색 철제 지붕 혹은 반세기 전에 판자촌을 덮었을 듯한 슬레이트 지붕, 그것도 아니면 마치 거적때기처럼 낡은 천 조각을 뒤집어 씌우고 타이어로 적당히 눌러놓은 지붕으로 범벅된 장소입니다. 마치 새가 나는 높이에서 그렸다는 조감도鳥瞰圖처럼 도시를 조망한 사람이 말할 수 있는 소감은 그뿐입니다. 그런 시각에서는 2만여 명이 일하는 도심 제조업 현장에 대한 고민이 묻어나지 않는 게 자연스러운 결론입니다.

누구나 빛나고 아름다운 도시를 꿈꾸겠지만, 도시가 아무리 발전하더라도 그 안에는 아름답지 않은, 못생긴 부분이 존재할 수밖에 없습니다. 낡고, 긁히고, 부서지고, 심지어 금방이라도 허물어질 것 같은 곳이 서울에는 아직 곳곳에 널려 있습니다. 그 못생김을 어떻게 다룰 것인지 고민할 때, 그저 멀리서 바라보는 조감도의 시선에서는 기울어진 운동장의 구경

꾼밖에 될 수가 없습니다. 구경꾼은 이미 기울어진 쪽에 서서 기울기를 한층 더 가파르게 만드는 데 일조할 뿐입니다. 운동장의 한쪽은 '개발', 다른 쪽은 '보존'이라는 구도를 씌워놓고, "천막으로 덧댄 슬레이트 지붕들이 '잃어버린 10년' 같아요"(박돈규 2023)라고 떳떳하게 주장합니다. 이런 현실은 조감도의 시선으로 도시를 구경하는 동안 대안을 그릴 상상력도 더는 자라지 못하고 납작해졌다는 사실을 실감케 합니다.

그럴 게 아니라 이제는 거리에 서야 합니다. 거리에서 조감도가 아닌 투시도의 시선으로 도시를 살펴야 합니다. 선반과 밀링을 돌려 금속을 밀리미터 단위로 깎아내고, 현미경을 끼고 드라이버를 돌려 섬세하게 시계 무브먼트를 조작하는 삶이 그제야 눈에 들어올 것입니다. 손수레를 이끌고 실타래처럼 엉켜나온 금속 조각 뭉치를 수거하는 노인, 아직도 보온병과 종이컵을 들고 가게마다 눈도장을 찍으며 냉커피를 파는 다방 주인도 볼 수 있을 것입니다. 또, 대학생들이 머릿속 아이디어를 구현해줄 기술자를 찾으러 미로 같은 철공소 골목을 헤매는 장면을 목격할 것입니다.

보기에 썩 만족스럽지 않은 못생긴 도시가 이런 다양한 삶을 위해 존재한다는 사실에서 모든 논의가 시작되어야 합니다. 보존할 대상은 천막이나 지붕 같은 게 아니라 바로 그런 삶입니다. 그 삶을 보존하는 일이 슬레이트 지붕이나 타이어올린 천막을 지키는 일이라면 마땅히 그렇게 해야 할 것입니다. 그것이 공공의 책무입니다. 어쩌면 우리 도시에는 일정한 못생김이 필요한 것인지도 모릅니다. 어떤 때는 못생긴 도시가 누군가의 삶을 지키는 집이 되어주기 때문입니다.

참고문헌

논문·보고서

강우원 외, 「(세운 재정비 촉진계획 변경을 위한) 세운일대 산업 특성 조사 보고서」, 서울특별시, 2020

길현기·구자훈, 「도시재생사업의 신규입주업체 유형별 특성 및 거점시설 만족도의 영향요인에 대한 연구」, 『서울도시연구』제22권 제3호, 2021, 41~57쪽

김기호·임희지 외, 「역사도심 기본계획 본보고서 1·2」, 서울특별시, 2015

김유리, 「2021 희망지 지역조사 및 의제발굴 용역 보고서(중구 다산동)」, 서울특별시 도시재생지원센터, 2021

김하나, 「역사 마을 및 역사 도시지역의 보존에 관한 헌장(워싱턴헌장 1987)」, 『건축역사연구』제17권 1호, 2008, 121~126쪽

배재윤·김남훈, 「폐지수집 노인 현황과 실태」, 한국노인인력개발원, 2022

이민아, 「중계본동 백사마을 주거지보전구역 디자인가이드라인 수립용역」, 서울특별시, 2014

이삼수·양재섭, 「동경 도심재구축전략의 전개과정과 실현수법 연구」, 『서울도시연구』제6권 제2호, 2005, 113~129쪽

이수진, 「프랑스: 선도적 도시재생 컨설팅 공기업, 세마파(SEMAPA)」, 『국토』390호, 2014, 107~108쪽

이유리, 「파리의 산업이전적지를 활용한 도시재생과 시사점」, 『국토』361호, 2011, 100~112쪽

이창무, 「뉴타운사업의 현황과 개선방안」, 국회입법조사처, 2008

장남종·양재섭, 「서울시 뉴타운사업의 추진실태와 개선과제」, 서울시정개발연구원, 2008

장봄, 「재개발을 앞둔 104마을의 현재」, 서울연구원, 2015

장영희 외, 「뉴타운사업에 따른 원주민 재정착률 제고방안」, 서울시정개발연구원, 2007

전미영, 「서울 종로구 예지동 시계골목의 형성과정과 사회적 기능」, 『서울학연구』LXXXⅡ, 2021, 99~136쪽

조옥라, 「백사마을의 공동체문화」, 『비교문화연구』21(1), 2015, 51~85쪽

최성희, 「서울 백사마을 여성 공동체의 형성과 변화」, 『서울민속학』(1), 2014, 209~238쪽

최은영, 「백사마을 주거지보전구역 맞춤형 주택 공급·관리 및 마을공동체 활성화 방안 마련」, 서울특별시, 2018

최은영 외, 「생명권과 건강권을 위협받고 있는 지옥고 실태와 대응 방안」, 심상정 국회의원실, 2022

장영희 외, 2011, 「뉴타운사업의 원주민 재정착률 문제점과 개선방안에 관한 연구」, 서울시정개발연구원.

서울특별시, 「서울시, '신(新) 고도지구 구상'…경직적 규제에서 합리적 관리로 전환」 보도자료, 2023년 6월 30일.

단행본 · 간행물

서울특별시 도심재정비1담당관, 『세운재정비촉진지구 그 과정의 기록』, 서울특별시, 2009

서울특별시 도시재생지원센터 CRC팀, 『서울 도시재생 CRC 사례집 VOL.1』, 서울특별시 도시재생지원센터, 2020

서울역사박물관, 『104마을: 중계본동 산 104번지』, 서울역사박물관, 2012

서울역사박물관, 『창신동: 공간과 일상』, 서울역사박물관, 2011

서울역사편찬원, 『서울의 도시계획을 말하다』, 서울역사편찬원, 2022

손정목, 『서울 도시계획 이야기 1』, 한울, 2003

심한별 외, 『청계천 기계공구상가: 장사동 · 입정동 · 산림동』, 청계천박물관, 2021

이영만 외, 『다시 찾다, 창신숭인』, 서울특별시, 2019

정도전, 『조선경국전』, 올재, 2014

최도인 외, 『만드는 사람들의 도시』, 세운협업지원센터, 2021

보도물

———, 「一個月間(일개월간)에 三次大洪水(삼차대홍수)」, 『동아일보』, 1920년 8월 3일자

———, 「機關長會議(기관장회의)서 檢討(검토)」, 『조선일보』, 1952년 11월 20일자

———, 「難民村(난민촌)주민들 籠城(농성)」, 『경향신문』, 1968년 7월 16일자

———, 「防疫(방역)의 根本策(근본책)」, 『경향신문』, 1949년 9월 8일자

———, 「零細民(영세민)에 일자리주오」, 『동아일보』, 1980년 3월 3일자

———, 「土幕(토막)은 冷灰(냉회)로되고 돈없어 入院(입원)도못해」, 『동아일보』, 1935년 2월 14일자

구경하, 「종묘 앞인데…세운4구역은 9년간 문화재 심의, 3구역은 면제?」, KBS, 2019년 5월 22일자

김소민, 「"뉴타운 탓 서민주거 불안정" 서울시, 추가지정 어려울듯」, 『한겨레』, 2009년 1월 15일자

김소연, 「사라진 골목의 시계장인들」, 『과학동아』 434호, 2022년 2월.

김영화, 「국일고시원 화재 사건, 그후 피해자들의 삶」, 『시사IN』 591호, 2019년 1월 15일자.

김준태, 「오세훈, 문화재청과 '문화재 옆 높이규제 완화' 협의」, 『연합뉴스』, 2023년 5월 23일자

김태희, 「난치병·생활고에 '빚 독촉' 유령 생활…사회는 '수원 세 모녀' 외면했다」, 『경향신문』, 2022년 8월 22일자

류인하, 「"임대주택을 왜 비싸게 짓나" 오세훈 서울시에 발목 잡힌 백사마을」, 『경향신문』, 2022년 4월 17일자

문예슬, 「박원순 "서울 고지대에 에스컬레이터 설치해 도시재생"」, KBS, 2019년 7월 12일자

문희철, 「서울 을지로 일대 구도심 고도제한 완화, 35층 빌딩 허용」, 『중앙일보』, 2022년 10월 25일자

박돈규, 「"잠수교 패션쇼 보셨나요? 서울은 세계가 주목하는 무대, 난 세일즈맨"」, 『조선일보』, 2023년 5월 20일자

박승희, 「천지개벽 중인 세운지구…'한국판 허드슨야드'로 위상 높아질까」, 뉴스1, 2022년 4월 19일자

손덕호·김우영, 「공무원 탁상공론이 빚은 '그림의 떡', 일용직 노동자들은 외면했다」, 『조선일보』, 2018년 11월 27일자

손일선, 「국내 최대규모 복합쇼핑몰 서울 문정동 가든파이브 가보니」, 『매일경제』, 2015년 11월 17일자

양은경, 「재개발 반대하며 버티던 을지면옥, 법원이 '인도' 판결한 이유는」, 『조선일보』, 2022년 6월 24일자

유엄식 외, 「반지하방 없앤다…"이 돈으로 어딜' 갈 곳 없는 20만가구」, 『머니투데이』, 2022년 8월 12일자

이동훈, 「137미터 고층화로 성공한 '파리 리브고슈'를 가다…세운지구 '40층' 올린다」, MBN, 2022년 10월 25일자

이상현, 「오세훈이 "피 토하는 심정"이라 한 이 곳, 입정동 철공소 골목의 마지막」, 프레시안, 2022년 3월 30일자

이수민, 「"엄마 문 안열려" 이게 마지막이었다… 신림 반지하 비극」, 『중앙일보』, 2022년 8월 10일자

이진송, 「tvN '갯마을 차차차' 속 서울 깍쟁이 길들이기 서사가 불편한 이유」, 『경향신문』, 2021년 10월 15일자

임종업, 「백사마을 '터무니 있는' 건축실험」, 『한겨레』, 2014년 1월 22일자

최미랑, 「[기자메모] 서민의 삶 쫓겨난 자리에 '옛 추억'만 박제한 돈의문박물관마을」, 『경향신문』, 2019년 4월 4일자

최병태, 「내집 네집 없던 40년 이웃…"뭉땅 밀어버려야 하나"」, 『경향신문』, 2010년 3월 10일자

최은경 외, 「하늘 찌르자, 도쿄 도심 살아났고… 90m 고도 제한에, 서울은 시들어간다」, 『조선일보』, 2020년 1월 6일자

허남설, 「낭만적 실험인가, 대안적 재개발인가… 공동체 재생을 꿈꾸는 백사마을 재개발」, 『경향 신문』, 2021년 4월 5일자

허남설, 「재개발이 떠난 마을 '숨은 보석'들이 뭉쳤다… 동네가 달라졌다」, 『경향신문』, 2021년 8월 25일자

황지은, 「어떤 도심을 남길 것인가」, 『한겨레』, 2021년 12월 8일자

기타

국토교통부·한국사회적기업진흥원, 「마을관리 사회적협동조합 설립지원 가이드북」, 2021년 6월

도시재생종합정보체계 홈페이지, https://www.city.go.kr

문화재청 궁능유적본부 종묘관리소 홈페이지 https://jm.cha.go.kr

서울연구원, 서울인포그래픽스 「서울 아파트 전·월세 임대차 거래 현황은?」, 2019년 5월 7일

서울연구원, 서울인포그래픽스 「서울의 반지하주택 얼마나 있나」, 2022년 9월 13일

서울특별시, 「세운재정비촉진계획 결정, 본격 사업착수」 보도자료, 2009년 3월 19일

서울특별시, 「창신·숭인뉴타운, 역사·관광·패션 '복합 문화도시' 탈바꿈」 보도자료, 2010년 2월 10일

서울특별시, 「창신 숭인재정비촉진지구 단계구간 재정비촉진계획 결정 및 지형도면 고시」, 2010 년 4월 22일

서울특별시, 「서울시, 백사마을 '서민의 숨결' 고스란히 살려 재개발」 보도자료, 2011년 9월 5일

서울특별시, 「서울특별시 종로구 도시재생선도지역 근린재생형 활성화계획」, 2015년 2월 26일

서울특별시, 「서울시, 세운상가 일대 보전·혁신 어우러진 '도심제조산업 허브' 재생」 보도자료, 2020년 3월 4일

서울특별시, 「서울시, 시민 안전 위협하는 '반지하 주택' 없애 나간다」 보도자료, 2022년 8월 10일

서울특별시, 「서울시, '신(新) 고도지구 구상'…경직적 규제에서 합리적 관리로 전환」 보도자료, 2023 년 6월 30일

서울특별시, 「오세훈 시장, 선제적 가이드라인 제시로 도심재개발 본격 시동」 보도자료, 2022년 10월 24일

서울특별시의회사무처, 「제300회 서울특별시의회(임시회) 도시계획관리위원회의록」, 2021년 4월 26일

서울특별시의회사무처, 「제303회 서울특별시의회(정례회) 제4차 본회의회의록」, 2021년 11월 18일

서울특별시의회사무처, 「제315회 서울특별시의회(정례회) 제4차 본회의회의록」, 2022년 11월 17일

국토교통부, 「질서 있고 체계적인 광역 정비를 위한 「노후계획도시 정비 및 지원에 관한 특별법」 주 요내용 발표」 보도자료, 2023년 2월 7일

앙코르 작업장+어댑티브스, 「종로 예지동+장사동(세운4구역) 도심산업 이주 위치 지도」, 전미 영 제공

웹진 「하나원큐M」 2022년 12월호 https://hana1qm.com

장남종, 「서울시 뉴타운 사업」, 서울정책아카이브 홈페이지(seoulsolution.kr/ko/content/서울시-뉴 타운-사업), 2015년 5월 8일

장영희 외, 「뉴타운사업의 원주민 재정착률 문제점과 개선방안에 관한 연구」, 서울시정개발연구 원, 2011

Société d'Étude, de Maitrise d'Ouvrage et d'Aménagement Parisienne 홈페이지 http://www.semapa. fr

못생긴 서울을 걷는다

ⓒ 허남설

1판 1쇄 2023년 7월 31일
1판 2쇄 2024년 2월 1일

지은이 허남설
펴낸이 강성민
편집장 이은혜
마케팅 정민호 박치우 한민아 이민경 박진희 정경주 정유선 김수인
브랜딩 함유지 함근아 박민재 김희숙 고보미 정승민 배진성
제작 강신은 김동욱 이순호

펴낸곳 (주)글항아리 | **출판등록** 2009년 1월 19일 제406-2009-000002호

주소 10881 경기도 파주시 심학산로 10 3층
전자우편 bookpot@hanmail.net
전화번호 031-955-8869(마케팅) 031-941-5160(편집부)
팩스 031-941-5163

ISBN 979-11-6909-137-4 03330

잘못된 책은 구입하신 서점에서 교환해드립니다.
기타 교환 문의 031-955-2661, 3580

www.geulhangari.com